学生の

中村勝之
Nakamura Katsuyuki

「やる気」の
見分け方

経済学者が
教える論

文庫

幻冬舎 MC

はしがき

　今の時代からは信じ難い大学教員の姿が昔の教室にあった。
　講義中に酒を飲み、煙草をくゆらせながら何かを朗読する教員たち。遠慮しながらも受講中に飲酒・喫煙する学生たち。もちろん、それが教員のすべてではないが、いい意味にせよ、悪い意味にせよ、インパクトのある教員は普段の行動から奇抜だった。さすがに私の学生時代にこのような教員はいなかったが、講義教室のあちこちに簡易の灰皿が置かれていた。煙草を吸う学生は休憩中の室内で吸い、教員が教室に入ってくると火を消す。今の時代だと許されない行為であったが、それだけキャンパス内での行動に自由度があったとも言える。
　講義の進め方にしてもそうである。昔ならばテキストや講義ノートの棒読み、落書きにしか思えない板書が繰り返される講義。学生たちは下らない講義の進め方に（陰で）文句を言いつつも、それなりに対応していた。かつての学生は大学教員の講義にさして期待していなかったし、足りない部分は自分で何とかする気概のある雰囲気があった。正直、当時の教員は学生の自助努力を前提にしていた部分もあったであろう。ところが、今や教員に好き勝手に講義を行える雰囲気はほとんどないように思われる。講義内容などを示すシラバスには、その概要から学習目標、毎回の講義計画、成績評価基準などを詳細に記さなければならない。しかも、シラバス通りに講義を進捗しなけれ

ば学生からクレームがつき、保護者や実社会からも厳しい目が注がれる。そんな雰囲気で行われる講義に面白味があると考えること自体が無駄に思える空間が広がり、窮屈な空間で自由な発想が芽生えるはずもない。その意味で、今の学生たちは知的に退屈なキャンパスライフを送らざるを得ないのかもしれない。

　ただ、昔の大学教員とて、講義のストーリーや成績評価基準をまったく考えなかった訳ではない。当時は学生をはじめ、学内外に講義の詳細を説明する必要がなかっただけの話である。そう考えると、今の大学で求められているのは講義に関わるあらゆる事項を「説明すること」であって、最低限ここをクリアすれば、あとは割と好き勝手にできるのではないか。そして、それを自ら実践すれば、学生たちはそれを感じ取ってくれるのではないか。

　本書は、大学に職を得て20年経った私がここ数年間にわたって講義などで悪戦苦闘した成果の一部である。以下、特に断りのない限り、私の勤務する桃山学院大学を本学、所属する経済学部を本学部とよぶことにする。本書はあくまで本学を中心に展開した私の教育実践の経験を述べただけであり、ここでの成果を一般化するつもりは毛頭ない。ただ、教壇に立って学生を眺めたとき、どういう目線で見ればいいのか？　見た結果、受講生がどんな姿で映るのか？　その姿を見て、次の対応をどうすればいいのか？　それらを明らかにするコツみたいなものは何か？　これ以外にも、人に何かを伝えようとする上で悩む人々に本書がヒントの1つとなれば存外の喜びである。

　とはいえ、本書は2つの点でいわゆる教育学関連の類書とは一線を画している。

　第1に、本書は経済学者という、教育学系とは無縁の人間によって書かれたことである。専門家ではないので、教師のあるべき姿や新たな学習ツールを提示した訳ではない。本格的な実態調査などを実施した訳でもない。教育学者を中心に実践報告が数多くなされている、アクティブラーニング＊の手法の一部を私の担当する講義の中で実践してみて、そこから見えるさまざまな知見の一部をまとめたものである。その意味で、本書は本格的な教育論の議論から的外れな部分が数多くあるだろうし、教育成果などに関する十分な検討がなされている訳でもない。その点から、読者からさまざまな批判を受けるだろうことは重々承知しているが、教育それ自体はすべての教育関係者が取り組むべき課題であり、専門外ならではの目線でアクティブラーニングについて何か伝えることがあるのではないか。そう思った次第である。

　第2に、教育実践を通じて蓄積したことを何らかの形で2次利用できないか、その一端を示したことである。本書で実践したアクティブラーニングの1つにミニッツペーパーがある。これを活用して学生たちの何らかの行動を推測できないか。それをテキストマイニングを援用しながら検討してみた。近年、学

＊専門家の間において、アクティブとラーニングの間になかぐろ（・）を挿入するか否かにかなりのこだわりがあるようである。本書では、特に断りのない限り、なかぐろを挿入しない表記に統一している。

生の動きを何とか捕捉しようとデータの蓄積作業が盛んに行われている。いわゆる教学 IR 活動である。この活動自体は多岐にわたるが、教育実践で重ねたものを何とか IR 活動の一助として活用できないか。そう考えた次第である。

時を経て、大学教員が担うべき役割は変わったのか？ 個人的にはそう思わない。教員の評価に関する目線がどう変わろうが、目の前の学生をどう鍛えるのか？ この視点だけは変わらない。読者においては、本書を読み進めるにあたって、この点だけは見失わないで欲しい。

なお、本書は 2019 年度桃山学院大学学術出版助成を受けて刊行されたものである。多忙にもかかわらず、審査していただいた先生方に深謝申し上げる。

目 次 Contents

終学歴別就職動向／最終学歴別3年離職率／
教育目標と社会人としてのスキルの連続性／
諸能力の計測可能性と教育の能力峻別機能／
まとめ〜学習経験から実社会に転用できるス
キルとは何か？〜

序 章 ＜＜＜＜＜＜＜＜＜＜＜＜＜＜＜＜＜＜＜＜＜＜＜＜＜＜＜
組織変革より自己変革

はじめに

　本書は、教育学の最先端を知らない私が、近年大学業界を席巻している教学改革の中で提示されているさまざまな手法の一部を自分なりに実践し、そこで得られた知見をまとめたものである。私は専門外なので、教育学において王道とよばれる方法論やアプローチを用いている訳ではない。だが、教学改革自体はすべての大学教員が（積極的か消極的かにかかわらず）取り組まねばならない重要な課題であり、避けて通れるものではない。専門家が主張することを自分の射程にアレンジしつつ落とし込んでみることで、教学改革の方向性を示す一助になるのではないかと思っている。

　そこで、本章では大学業界を取り巻く現状や事情を検討するとともに、私なりの問題意識を述べていきたい。

大学業界への需要〜進学率と在籍者数〜

　大学というヒト・モノ・カネ・情報の集積する「場」を1つの市場と考えたとき、そこへの進学を選択する者は高等教育に対する**需要者**である。最初に、大学業界の需要サイドの現状を示すいくつかデータを確認しておこう。

　図0-1は、1978〜2020年度における四年制大学（以下、四

図 0−1 ▶ 四年制大学および短期大学への進学率

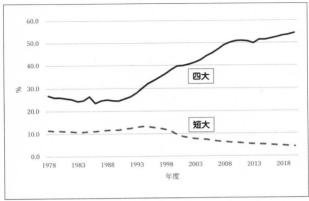

注：現役および浪人の合計である。
資料：文部科学省『学校基本調査』（各年度版）より。

大と略記）および短期大学（以下、短大と略記）への進学率の
推移を示している。まず、四大の推移から確認すると、1978〜
86 年度にかけてわずかながら低下する。それ以降の約 20 年間
は右肩上がりに上昇し、2009 年度には 50％を超える。そこか
ら横ばいになりつつも 2014 年度から緩やかながら再び上昇し
始め、2020 年度には 54.4％に達している。一方、短大の推移を
確認すると、1978〜84 年度までは四大と同様にわずかに微減
傾向だったものがその後緩やかな上昇軌道を描く。しかし、そ
の動きも 1994 年度の 13.2％をピークに減少の一途をたどる。
2016 年度にはついに 5％を割り込み、2020 年度は 4.2％となっ

11

ている。近年、四大・短大への進学率が過去最多を更新したと
新聞などで報道されるが、それは短大進学率の低下を上回る四
大進学率の上昇にあることがこの図から読み取れる。

　一般に、同一年齢層のうち四大・短大・専門学校などを含め
て、中等教育段階から高等教育段階へ進学する割合が高まる現
象を高等教育の**大衆化**という。マーチン＝トロウによれば、い
わゆる高等教育の大衆化は進学率15％未満の**エリート段階**、
15％以上50％未満の**マス段階**、そして50％以上の**ユニバーサ
ル段階**という3つの段階を経て実現する[1]。これ自体は世界的
趨勢であり、日本では既に1960年代にはエリート段階からマ
ス段階へ移行していた。図0-1を改めて見ると、1978年度に
おいて四大・短大への進学率の合計は38.4％でかなりマス段階
が進行しており、2004年度にはこの数値が49.9％に達する。つ
まり、日本の高等教育は2000年代半ばには本格的なユニバー
サル段階に移行して今に至っていると言える。

　次に図0-2を見てみよう。これは1978〜2020年度までの四
大および短大の在籍者数の推移を示している。

　まず、四大の推移から確認すると、1978年度において国公
立442,664人、私立1,419,598人の合計1,862,262人が在籍した
が、1982年度には国公立477,773人、私立1,339,877人の合計
1,817,650人まで低下する。その後は増加の一途をたどり、2005
年度には国公私立を含めて285万人を超える。だが、それ以降

1 ▶ Trow, M. A.（著）天野郁夫・喜多村和之（訳）『高学歴社会の大学—エリートか
らマスへ』東京大学出版会、1976年。

図 0－2 ▶ 四大・短大の在籍者数

(1) 四大

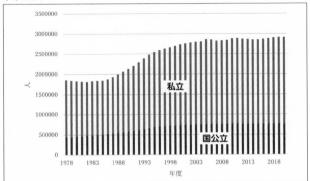

(2) 短大

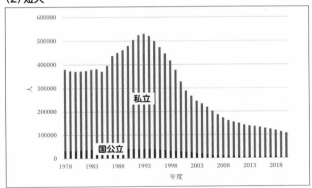

注：昼間・夜間に通う学部生・大学院生などを含む総数である。
資料：文部科学省『学校基本調査』（各年度版）より。

は横ばいで推移している。当然であるが、この動きは図0-1の四大進学率の動きとほぼ同様であることが分かる。

　一方、短大の推移を確認すると、1978年度において国公立32,940人、私立347,359人の合計380,299人だったものが、1980年度において国公立33,687人、私立337,437人の合計371,124人にやや減少する。その後、1985年度は丙午（ひのえうま）の影響か、371,095人に再度落ち込むものの増加に転じる。だが、国公立は1991年度の40,669人（私立との合計504,087人）、私立が1993年度の490,787人（国公立との合計530,294人）を境に低下し始める。その傾向に歯止めがかかることはなく、2020年度には国公立5,582人[2]、私立102,048人の合計107,630人、1993年度のピークに比べて20.3%の水準にまで落ち込んでいる。この動きも図0-1にある短大の進学率にほぼ対応したものだと言える。

大学業界への供給〜大学数と学部・学科数〜

　図0-2を見て驚くべき事実が明らかになる。それは、高等教育がマス段階からユニバーサル段階へ移行するにあたり、需要者たる高等教育進学者の大半が私立に向けられてきたことである。四大を例にとると、全在籍者数に占める私立在籍者の割合は1978年度では76.23%、この40数年間で一番低くても1987年度の72.36%、その後は73%台で推移している。なお、近年では微増傾向が続き、2020年度には74.02%に達している。短

---

2 ▶ 2009年度をもって国立短大が廃止されたため、2010年度以降における国公立はすべて公立短大である。

大にいたっては1978年度において全在籍者数に占める私立の
それは91.34％、この40年間で一番低くても1985年度89.68％、
その後も90％を超える水準を維持している。こうして四大・短
大合わせると、高等教育需要者の実に4分の3から5分の4程
度が私立に向けられているのである[3]。

　それでは、大学業界への**供給**者たる国公私立の学校法人はど
のような推移をたどっているのか。以下では、このことについ
て確認する。

　図0-3は1978～2020年度にかけて設置されている四大およ
び短大数の推移を示している。

　まず、四大から確認すると、1978年度においては国公立120
大学、私立313大学の計433大学が設置されている。そこから
着実に増加し、1990年度には国公私立合わせて507大学、1998
年度には604大学、2003年度には702大学まで達する。しかし、
その後の伸びは鈍化し、2010年度頃から横ばいになる。この
図からも分かるが、四大数拡大の大半は私立が支えている。事
実、2020年度の四大設置数は国公私立合わせて1978年度の約
1.84倍になっているが、それを寄与率[4]で見れば実に83.43％が
私立の拡大によるものである。

　一方、短大の推移を見ると、1978年度に国公立83短大、私
立436短大の合計519短大であったが1980年代半ばから徐々に

3▶この点について、天野郁夫は明治期から現在にかけての大学制度の歴史的展開に
ついて詳細に検討している。天野郁夫『大学の誕生（上）（下）』中公新書、2009年。
4▶寄与率の定義は以下の通りである。たとえば、$X=A+B$で捕捉されるあるデータが
あったとする。このとき、全体の変化ΔXに占めるAの変化ΔAの割合のことを言う。

図 0−3 ▶ 四大・短大数

(1) 四大

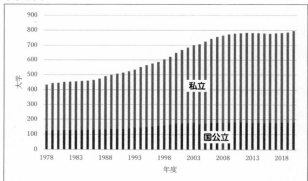

(2) 短大

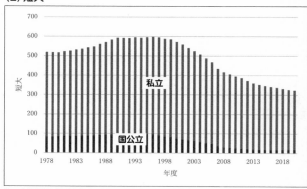

注：夜間学部・通信制学部のみを設置している大学を含む。
資料：文部科学省『学校基本調査』（各年度版）より。

序 章 ≫≫ 組織変革より自己変革

増加し、1990年度に国公立95短大、私立498短大の合計593短大に達する。その後しばらくは横ばい傾向が維持されるが、1998年度から低下が始まる。この動きに歯止めはかからず、2020年度には国公立17短大、私立306短大の合計323短大にまで落ち込んでいる。これはピーク時（1996年度の598短大）の54.01％の水準である。四大以上に短大における私立の比重が高い中で国公立の設置数減少の影響は大きく、短大はほとんど私立によって支えられていると言っても過言ではない状況にある。

　次に図0-4を見てみる。この図は1978〜2020年度にかけて設置されている四大の学部および短大の学科数の推移を示している。

　まず、四大の推移を確認すると、1978年度では国公立408学部、私立690学部の合計1,098学部あったものが、1986年度頃まで緩やかに増加する。それ以降は上昇幅が拡大し、2010年度には国公立657学部、私立1,822学部の合計2,479学部まで拡大する。その後しばらく微減傾向となるが、2016年度から再び増加に転じ、2020年度では国公立664学部、私立1,946学部の合計2,610学部となっている。

　次に、短大の推移を確認する。1978年度には国公立221学科、私立1,054学科の合計1,275学科であったのが、1983〜84年度に100学科ほど急減するがそれ以降は拡大傾向にある。それが1990年度の国公立282学科（国公立のピーク）、私立1,228学科の合計1,510学科を境に頭打ちの状況になる。そして、1995年

図 0-4 ▶ 四大・短大に設置される学部・学科数

(1) 四大

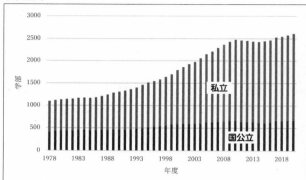

(2) 短大

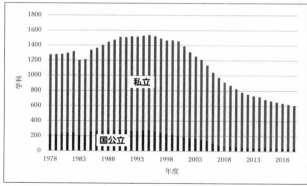

注：夜間学部・通信制学部のみを設置している大学を含む。
資料：文部科学省『学校基本調査』（各年度版）より。

度の国公立 278 学科、私立 1,260 学科（私立のピーク）の合計
1,538 学科を境に低下の一途をたどり、2020 年度時点では国公
立 35 学科、私立 574 学科の合計 609 学科にとどまっている。こ
れはピーク時に比べて国公立は 12.41％、私立は 45.56％の水準
にまで減少したことを意味する。

　四大の設置数の増加を経済学で言うところの**新規参入**と捉え
るならば、学部の増設は既設大学による**規模拡大**を表している
と言える。四大設置数はここ 40 数年で約 1.84 倍に拡大したと
述べたが、学部設置数に関してはここ 40 数年で約 2.38 倍に拡
大している。大学業界へ新規参入するとなると校地面積や設備
面など、**大学設置基準**で示された数多くの事項をクリアしなけ
ればならないが、学部新設であれば既存設備や人材を上手く配
置転換などをすれば低コストで規模の拡大が実現できる。進学
率は大学業界へ流入する顧客**フロー**の代理変数、在籍者数は大
学業界で蓄積される顧客**ストック**の代理変数とそれぞれ捉える
ことができる。もし、低コストで学部増が可能であればフロー
の間口を広げることでストックがより拡大し、大学の収益構造
改善に寄与できると期待される。そのため、新規参入以上の規
模拡大が四大とりわけ私立で起こったと考えられる。事実、国
公立の学部数は 40 数年間で約 1.63 倍しか拡大していないが、
私立になると 2.82 倍にまで拡大している。

高等教育政策の変遷

　ここまでは、過去 40 数年にわたる四大および短大の動きに

ついて確認した。しかし、この動きは自発的に行われてきた訳ではなく、高等教育の監督官庁である文部科学省（以下、文科省と略記）の政策変更への対応という面を持ち合わせている。そこで、ここでは文科省による大学教育政策の変遷について確認しておこう。

1978〜85年度にかけて進学率および在籍者数が微減傾向にあると指摘したが、これは旧文部省の方針により、大学の規模拡大よりも質的充実をはかることに力点がおかれた結果である。ここには当時の18歳人口が150〜160万人で安定的に推移する事情もあった。18歳人口がその後205万人（1992年）をピークに増加することに鑑み、1986年度から既存学部の定員増を認めるようになった。これが俗にいう**臨時定員増**である。この時期から進学率および在籍者数が増加したのは、この政策転換があった訳である。

ただ、臨時定員増はあくまで時限的措置であって、時が過ぎれば解消されるべきものである。だが、旧文部省は18歳人口のピークを越えた1993年度以降においても臨時定員増を解消することはなかった。安直な定員増を抑制する代わりに、学部設置の地域制限を撤廃することにした。これが18歳人口低下が始まったにもかかわらず、新設大学や学部・学科の設置増が止まらなかった要因である。

こうした高等教育の拡張路線に、やがてブレーキがかかり始める。その発端が2000年度から始まる臨時定員増の半分返上（2004年度に完了予定）である。だが、その時点で在籍者数に

陰りが見えなかった（図0-2）のは、文科省が新学部設置を事実上認めたからである。既存学部において返上しなければならない定員を学部・学科の新設で補う。こうした対応を各大学は実施してきたのである。

その動きに対して、2018年5月に文科省は更なる定員管理政策を打ち出した。大学には**募集定員**と**収容定員**という定員概念がある。前者は募集要項に記載されている募集人数の合計であり、後者は入試で合格した者の中で手続きを経て最終的に入学した新入生の許容人数である。これまで文科省は収容定員を募集定員の定数倍まで許容する方針のもと、それを守らない大学に対して補助金の給付を行わないペナルティを科す政策を貫いてきた。この改正の目玉は、首都圏を中心とする大都市に立地する大学の大規模学部（募集定員300人以上）に対して、募集定員と収容定員を一致させることと、1人でも募集定員を上回る人数を入学させた大学にペナルティを科すというものである。この政策変更の裏には、地域経済活性化の一環で地方在住の若者の流出を食い止める意図があった。

ところが、これを知った有力私学を中心に合格者の絞り込みが行われた。それと同時に、絞り込みの読みが外れた大学において追加合格が乱発され、高校および受験生たちが大混乱する状況を招いてしまった。結局、文科省はこのペナルティの導入を当面見送らざるを得なくなった。

こうした文科省による高等教育政策の変化が、大学および高校の教育現場、ひいては学生・生徒に要らぬ不安と混乱をもた

らしたと言っても過言ではない。

大学業界が直面する諸難題

　ここまで四大および短大の状況、ならびに文科省による高等教育政策の変遷について確認してきたが、短大の動きについて改めて時系列順にまとめておこう。

● 1993年度：在籍者数ピーク（530,294人）
● 1994年度：進学率ピーク（13.2％）
● 1995年度：学科数ピーク（1,538学科）
● 1996年度：短大数ピーク（598短大）

　これを見ると、需要のピークが先行しているのが分かる。つまり、短大の縮小は顧客フローである高校生（およびその保護者）のニーズが先に変化し、短大がそれに対応する形になっている。だが、その対応が後手に回るほど、顧客フローが短大業界を避け続けるようになる。その結果、短大に蓄積される顧客ストックも目減りし、収益構造の悪化を招いてしまう。そこで、短大の一部は四大に衣替えすることで対応した。この動きが四大増を後押ししたのは言うまでもないだろう。

　一方、四大はこれまで確認した図を見る限り、その市場規模が縮小する兆しはないように思われる。だが、短大が増加傾向から一旦頭打ちになってから低下してきた事実を鑑みると、四大も同様の動きを示すことも可能性としては十分考えられる。そこで、これまで確認した四大の状況を「頭打ち」をキーワードに改めて時系列順にまとめると、次のようになる。

● 2005 年度：在籍者数（2,685,051 人）頭打ち始まる

● 2010 年度：四大数（778 大学）および学部数（2,479 学部）頭
　打ち始まる

　これを見ると、大学業界全体で顧客ストックの頭打ちが始
まって 10 年以上、顧客ストックの受け皿である大学数や学部
数の頭打ちが始まって 10 年強経過していることになる[5]。その
中で、どこかに眠っているであろうチャンスを活かして再拡大
するのか、それとも縮小してしまうのか？ 高等教育の大衆化
が深化する現状において、大学市場の規模自体が縮小するのは
にわかに想像つかないが、各大学はより苛烈な生存競争に身を
投じなければならない状況にいることは間違いない。その上、
ここまでで確認したこと以外の手段で文科省は大学間競争を実
質的に煽っている。そこで、ここでは大学間競争で念頭におか
なければならない諸事項に関して、3 つの点を指摘しておこう。

(1) 授業改革

　高等教育が大衆化することは、上で見たように大学業界の拡
大を意味するのと同時に、それ以前のエリート段階では想定し
ていなかった学生層が大挙して大学へ入学することも意味する。
これは一面で、学力の乏しい学生が在籍するという問題に直面
し、他面で外国人留学生が学ぶ場として、そして、一度大学を
退学してしまった人や、実社会で働く社会人や定年退職した

---

5 ▶ 吉川徹は進学率が頭打ちになっている 50％強のラインを**学歴分断線**とよんでい
る。そして、この線を境界にして人々の生活パターンが相当異なり、かつそれが定
着し始めていることを指摘している。吉川徹『学歴分断社会』ちくま新書、2009 年。

人々の学び直しの場としての門戸が開かれてきたということでもある。そうなると、エリート段階で実践されていた手法とは本質的に異なる手法による教授実践が必要になる。学生層が多様化するのが大衆化の特徴の１つであり、潜在的学生層が大学を評価・選択する目も早晩肥えてくるだろうから、それに対応した教授手法を用意しておかなければ大学間競争で生存できないからである。

　こうした大学に教授手法などの変革を迫る動きを、専門家は「教授パラダイムから学習パラダイムへの転換」[6] や「『学習』から『学修』への転換」[7] などと表現している。この方向を決定づけたのが 2012 年 8 月の中央教育審議会（以下、中教審と略記）の答申[8] である。専門家内では**質的転換答申**とよばれるこの答申において、次のような一節がある。

■生涯にわたって学び続ける力、主体的に考える力を持った人材は、学生からみて受動的な教育の場では育成することができない。従来のような知識の伝達・注入を中心とした授業から、教員と学生が意思疎通を図りつつ、一緒になって切磋琢

---

[6] ▶ 溝上慎一『アクティブラーニングと教授学習パラダイムの転換』東信堂、2014 年、p.9.

[7] ▶ 有本章『大学教育再生とは何か　大学教授職の日米比較』玉川大学出版部、2016 年、p.304。なお、彼は学修（study）と学習（learning）を次のように概念的に区別している。前者は、講義・演習等を通じて学生がするべき予習・復習を念頭においた活動なのに対して、後者は、講義・演習等とは無関係に学生が独自に行う活動である。ただし、本書は両者の区分をあえて行わず、特に断りのない限り学習で統一する。

[8] ▶ 中央教育審議会「新たな未来を築くための大学教育の質的転換に向けて～生涯学び続け、主体的に考える力を育成する大学へ～」文部科学省、2012 年 8 月。

磨し、相互に刺激を与えながら知的に成長する場を創り、学生が主体的に問題を発見し解を見いだしていく能動的学修（アクティブ・ラーニング）への転換が必要である。すなわち個々の学生の認知的、倫理的、社会的能力を引き出し、それを鍛えるディスカッションやディベートといった双方向の講義、演習、実験、実習や実技等を中心とした授業への転換によって、学生の主体的な学修を促す質の高い学士課程教育を進めることが求められる。学生は主体的な学修の体験を重ねてこそ、生涯学び続ける力を習得できるのである。（中教審、p.9）

ここで重要なことは、各大学で開講されている各種科目を**アクティブラーニング**（以下、AL と略記）に転換しなければならないという点にある。一方、同じ答申において AL の定義を以下のように定めている。

■教員による一方的な講義形式の教育とは異なり、学修者の能動的な学修への参加を取り入れた教授・学習法の総称。学修者が能動的に学修することによって、認知的、倫理的、社会的能力、教養、知識、経験を含めた汎用的能力の育成を図る。発見学習、問題解決学習、体験学習、調査学習等が含まれるが、教室内でのグループ・ディスカッション、ディベート、グループ・ワーク等も有効なアクティブ・ラーニングの方法である。（中教審、p.37）

発見学習や問題解決学習は通常のゼミで行われているだろう
し、体験学習は学外の施設見学など、調査学習はゼミでの
フィールドワークなどが想起される。実際、グループ・ディス
カッション、ディベート、グループ・ワークなどは講義やゼミ
で取り入れている教員もいるだろう。教育実践に熱心な教員は
この定義を見て、《いつもの授業と同じ》と思うだろうが、《面
倒なことになった》と思う教員が大半ではないだろうか。おそ
らく、これは上記 AL の定義が具体的な教育手法について述べ
たものであるから、演習に限らず一般の講義、すなわち**座学**に
おいても拡張させられることに対する心理的抵抗があるのかも
しれない。また、何をどうしたらいいか分からない思考停止状
態の表れかもしれない。「座学か AL か」といった議論が現場で
なされる背後には、こうした事情があるのだろう。

　これに対して、専門家の間でも AL の定義をどう定めるかで
統一的見解はないようだ。ここでは代表的な AL の定義として
溝上慎一のものを引用して紹介する。

■一方向的な知識伝達型講義を聴くという（受動的）学習を乗
　り越える意味での、あらゆる能動的な学習のこと。能動的な
　学習には、書く・話す・発表するなどの活動への関与と、そ
　こで生じる認知プロセスの外化を伴う。（溝上、p.7）
■この「あらゆる」には、第 1 に、教授パラダイムから学習パ
　ラダイムへの転換を、少しでも多くの教員に促すべく、「書

く・話す・発表するなどの活動への関与と、そこで生じる認
知プロセスの外化を伴う」学習を少しでも採り入れていれば、
それをアクティブラーニングだと見なしていこう、という含
意がある。(溝上、p.11)

　中教審の定義にあるグループ・ワークなどを首尾よく運営す
るには、それなりのコツとテクニックが必要である。教授する
トレーニングを本格的に積んでいない大半の大学教員にとって
は、その体得は苦痛を伴うことである。その点、溝上の定義に
したがえば、従来の座学に少しアクセントを加えるだけで AL
になるということである。彼自身が強調しているように、この
定義は「はじめから高尚なアクティブラーニングを求めると、
保守派教員にはハードルが高くて尻込みをしてしまう」(溝上、
p.11) ことを配慮しての、最も広い概念なのである。逆に言え
ば、現状においてはそれだけ AL の定着が難題だと言うことで
ある。

(2) 教学IR活動

　授業改革と密接に関連しつつも分析射程が多岐にわたる**教学
IR**（Institutional Research）**活動**も、大学業界にとってはかな
りの難題である。大学には民間企業と同様の各種財務データ、
顧客たる学生に関するさまざまなデータ（入学した入試制度、
出席状況、成績、サークル加入の有無、内定企業など）が蓄積
されている[9]。さらに「授業評価アンケート」に代表される各
種アンケートが実施され、その結果も蓄積されている。教学

IR活動とは、こうした各種データを活用して学生やその取り巻く環境を把握しつつ、次の戦略立案のために役立てようとする活動である。そのため、各大学には教学IRを専門に扱う部署が設置され、それに従事する専任教職員がいるところもある。

とはいえ、1つの部署で学生個人の学習活動とその成果を細かく捕捉するのは困難を極める。そのため、講義などにおいて学生の履修・学習行動に関するさまざまな指標を使って状況を捕捉することが要請される。それを集約した1つの典型が**学習ポートフォリオ**であろう。これは各学生の学習履歴を示したもので、学生自身がどんなスキルがどの程度身についたのかが一目で分かるようになっている。ここで重要な点は、集めたデータを集約して学生に還元すること、すなわち**可視化**である。これも教学IR活動に含まれると一般に認識されている[10]。

これは2つの点で大学にとって難題である。1つ目は人材の問題である。四大・短大合わせて1,000を超える高等教育機関のそれぞれに教学IRを専門的に扱える人材を確保するのは、少なくとも短期的には無理である。そのため、教学IR活動で先駆的な役割を果たしている大学などが中心となって、人材を養

---

9 ▶ 2020年4月から実施されている「高等教育の修学支援制度」(いわゆる大学無償化策)において、四大・短大などに対してこの制度の適応にふさわしいかどうか事前確認を取る必要がある。その際、大学の現状を表すあらゆるデータの提出が求められる。この制度は経済的理由で就学困難な学生が対象となるため、財源は社会保障関係費の一部として内閣府が予算計上し、文科省が執行する形をとっている。
10 ▶ ただし、専門家の間では教学IR、ラーニング・アナリスティクス、教育工学は相互に関連しつつも独自のテーマをもった異なる分野のようである。次の文献が詳しい。松田岳士・渡辺雄貴「教学IR、ラーニング・アナリスティクス、教育工学」『日本教育工学会論文誌』第41巻第3号、2017年、pp.199-208。

成するセミナーや教学 IR 活動を啓蒙するシンポジウム・研究
会などが定期的に開催されている。それでも教学 IR 活動の重
要性が大学内で共有されているかどうか、甚だ疑わしいのが現
状である。

　2つ目は**大学認証評価**である。これは 2004 年度から始まった
制度で、各大学は 7 年に 1 度、大学の現状や改革の進捗状況な
どを第三者機関からチェックを受けなければならなくなった。
各大学これまで 2 度の認証評価を既に受け、2018 年度から 3 巡
目に入るが、今回は教学 IR 活動の成果を示さなければならな
くなることが予想されている。極端な言い回しで恐縮だが、1
巡目は初めてのことだから《改革やります！》と言えば認めら
れた。2 巡目は《改革やってます！》と言えば認められた。だ
が、3 巡目に突入すれば【で、どうなったの？】と問われるの
は自然な成り行きであり、その証拠提示のために早い段階から
教学 IR 活動の成果を蓄積しなければならない。しかし、授業
改革にせよ、教学 IR 活動にせよ、外部から押し付けられた印
象の強い事項には、体裁だけを整えてやり過ごそうとするもの
である。つまり、本来大学の内部をよりよくするための活動の
1つであるはずの教学 IR 活動が、大学の外面をよくするために
運用される。まさに本末転倒である。

(3) PDCAサイクル

　大学を挙げた授業改革とその証拠をそろえるための教学 IR
活動、これらを円滑に運営させる方法だと言われているのが
PDCA サイクルである。元来、これは製造現場における生産

管理手法として提唱された考え方であるが、教学改革のシンポジウムなどでスピーカーが登壇すると、必ずと言っていいほど耳にする単語である。だが、文科省がPDCAサイクルの円滑な履行を求めるということは、これまで各大学独自に構築してきた運営手法が半ば強制的に再構築させられることを意味し、多くの大学関係者から懸念の声が上がっている。たとえば、古川雄嗣は（1）人間の物象化、（2）経営学的な無理解、（3）トップダウンであること、の3つの点からPDCAサイクルによる大学改革に批判的な検討を加えている[11]。この懸念についてのこれ以上の言及は避けるが、組織変革をも含んだ文科省の大学改革の方針について、私の専門とする経済学の基礎理論の話からアプローチしてみよう。

　代表的消費者は、利用可能な資源・情報を駆使して自身の効用を最大にするようにさまざまな選択を行う。代表的生産者も同様に、利用可能な資源・情報を駆使して自身の利潤を最大にするようにさまざまな選択を行う。そして、それぞれの思惑をもって消費者と生産者が市場で出会い、さまざまなプロセスを経て取引が実現する。そのもとで資源は効率的に配分され、消費者・生産者は当初の目的を達成できる。

　上記の話は完全競争とよばれる市場概念のもとで描かれるストーリーである。もちろん、大学業界は厳密な意味での完全競

---

11 ▶ 古川雄嗣「PDCAサイクルは「合理的」であるか」藤本夕衣・古川雄嗣・渡邉浩一（編）『反「大学改革」論　若手からの問題提起』ナカニシヤ出版、2017年、pp.3-22。

争に該当しないが、この話において、大学業界を理解する上で重要な点が３つある。

　１つ目は消費者・生産者の選択に政府が関与しない点。２つ目は政府が関与すれば消費者・生産者の行動が歪められ、社会にとって望ましくない結果を招きかねない点（例外はある。教育がその１つ）。３つ目は政府が直接関与しなくても、消費者・生産者が資源・情報の取り扱いを間違えると早晩市場からの撤退を余儀なくされる点である。特に３つ目に関して言えば、高等教育のユニバーサル段階への移行と少子化が同時に進むと、先細りする顧客の獲得をめぐって苛烈な競争が繰り広げられることは容易に想像がつく。上で見たように、これまでは大学への新規参入や学部増設といった数的競争を繰り広げてきたが、在籍者数が頭打ちになって以降は教育サービスの中身、すなわち質的競争へ変質し始めている。そうなると、教育サービスの質が顧客満足度を満たせなければマーケットシェアを失うのは必定であって、そうしたプロセスを経て維持できない大学が淘汰されるのである。

　このように、教育業界は公益性の高い部門であるとはいえ、以前から競争は繰り広げられており、そこに政府が介入する必然性はあまり高くない。ところが、今文科省が推進している大学政策は過剰な競争を大学業界に強要している印象がぬぐえない。市場外部からの圧力が強いほど抵抗する力も強力に作用すると考えるのは自然であり、それが却って当初の改革の目的が達成できない結果になりはしないか？　そのことで大学の体力

が無駄に削がれる結果になりはしないか？　逆に、本来淘汰されるべき大学を温存する結果になりはしないか？　これらはいずれも先に述べた政府が経済活動に介入することから生じる歪みであるが、経済学者の立場から文科省の方針と大学業界の現状を眺めるにつけ、こうした懸念が頭から離れない。

問題意識

　これまでは、大学の現状や文科省の改革の方針といった射程の広い話を中心に検討してきた。だが、専門外の私が教育実践というテーマで重い腰を上げようとしたきっかけは実に些細なことの積み重なりであった。

　私の学生時代、いくつかの講義で毎回感想文を書いた経験がある。その講義では、次回の講義時に教員からのレスポンスが口頭で伝えられたり、記入した用紙に朱筆コメントつきで返却されたりした。共通して言えるのは、その講義が知的に面白く、積極的に受講していた（書いた感想に対する教員の反応が見たかった）ことであった。こうした経験から、私は大学教員になった当初から毎回ではないにせよ、講義終わりに記名式の「受講アンケート」を実施していた（記名式にしたのは出席管理のため）。その結果は次回講義時に集計および回答を示したプリントにして配布したが、一向に講義の雰囲気がよくならなかった。どうしたものか、そう思っていたときに気づきのきっかけがあった。

　20年近く前から、高校における進路選択イベントの一環で、

大学教員を直接招いて大学の講義の雰囲気を体験する「出前講義」が実施されるようになった。私はそこに招かれた際にも時折受講アンケートを行っていたが、とある地方の県立高校では、わずか5分程度で参加者全員がものすごい文章量の感想・質問を書いていた。その高校は県下でも有名な進学校であった。そこで、出前講義に出向くたびに受講アンケートを実施し、参加者の記述内容・文章量と偏差値を照合してみた。すると、偏差値の高い高校ほどたくさんの文章を書く傾向にあることを発見した。このことを大学生を中心により高度な分析手法で調べてみたらどのような結果になるか? これが本書を書く大きなきっかけとなった1つである。

これに関連して、興味深い先行研究がある。苅谷剛彦たちは、2001年に関西圏の小・中学生2,202名を対象に学力テスト（国語および算数・数学）と生活・学習アンケートを実施した[12]。その結果の1つは、「調べ学習の時は積極的に参加する」「グループ学習の時はまとめ役になることが多い」といった、ALの実践に重要と思われる児童・生徒の学びの態度に対する回答が成績上（下）位者ほど高（低）く、有意差があることを見出した。そして、志水宏吉たちは、苅谷たちと同様の調査（関西圏の小・中学生2,828人対象）を2013年に実施した[13]。ここでは従来の学力テストとしての「A問題」に加えて、思考力・判

---

12 ▶ 苅谷剛彦・志水宏吉・清水睦美・諸田裕子『調査報告「学力低下」の実態』岩波ブックレット、2002年。
13 ▶ 志水宏吉・伊佐夏実・知念渉・芝野淳一『調査報告「学力格差」の実態』岩波ブックレット、2014年。

断力・表現力などを測る「B問題」が設定されていた。その主
要な結果を紹介すると以下の通りであった。

• 前回調査（2001年）に比べて、中学校数学を除いて平均点が
  上昇した。
• 国語、算数・数学ともA問題とB問題の成績に高い相関が観
  察された。
• 授業スタイルの変化について、「宿題が出る授業」「自分で考
  えたり、調べたりする授業」「自分たちの考えを発表したり、
  意見を言い合う授業」について、「よくある」と回答した生
  徒・児童の割合が有意に上昇した。

　授業スタイルについて、有意に上昇した項目はいずれもAL
の実践を想起させる。これを踏まえると、学力（A問題）の回
復傾向は思考力・判断力・表現力など（B問題）の獲得による
ところが大きい、すなわちALが学力を回復させたと志水たち
は評価している。

　上の先行研究は小・中学生対象とはいえ、「AL→学力」と
「学力→AL」という相互関係があることが見えてくる。学力が
なければALに意欲的に取り組もうとしない、かつALに取り
組まなければ学力がつかない、こういうことである。この相互
関係性は高等教育にも引き継がれると想定するのが自然だろう。
すると、中堅私学に在籍する中心的学生層（マーケティングの
世界で言われる**ボリュームゾーン**）には、教員が想定する基礎
学力はもちろんのこと、学ぶ意欲すら欠如した者が無視できな
い割合で存在すると考えられる。このとき、中堅私学において

無前提に高度な AL を実践することは、却って学びから逃避する格好のチャンスを与えるのではないか？ 学びから逃避しがちな学生たちが、実社会に出て仕事に真正面から向き合えるのか？[14] 中堅私学で AL を実践するならば、それ以前にやるべきことがあるのではないか？ それを実践してまとめてみようというのが本書を書くきっかけのもう 1 つである。

　私の教育実践を通じた気づきが本書執筆の動機であるが、先述の組織変革に対する違和感も動機となった。大学は文科省から言われる随分前から定期的に教学改革を進めてきた。その目玉がカリキュラム改革である。だが、新規科目を開講したり、科目群の配置を調整してみたところで、それを実践する教員の顔ぶれはほぼ変わらない。だから、姿が変わっても内実はほぼ同じ結果になり、何のためにカリキュラム改革をしたのかが見えなくなってしまう。ならば、《教員個別の教授スキルを向上するための手段を検討しよう》と提言しても、まず取り合ってもらえないのが現状である。この現状を変えるなら自ら変わってみるしかない。組織変革よりも自己変革、こうした想いが日増しに強くなってきている。

---

[14] ▶ 社会人対象の調査において、偏差値 49 以下の大学を卒業した者は在学中にも卒業後にも資格取得しておらず、自己啓発活動すら行われないという結果もある。この結果は、一度学びから逃げた者は資格取得や自己啓発といった、仕事上必要と思われる知識の獲得からも逃げがちになることを示しており、より深刻に捉えなければならない。この点については終章でも触れる。河野志穂「誰が資格を取得するのか　大学在学中と卒業後の資格取得の規定要因」本田由紀（編）『文系大学教育は仕事の役に立つのか　職業的レリバンスの検討』ナカニシヤ出版、2018 年、pp.61-87。

本書の構成

　本書の構成は以下の通りである。

　本書における重要なキーワードは「書く」である。学力と
AL に取り組む意欲などには相互関係がある。そして、学力と
「書く」活動にも一定の関係性があるのではないか、これを上
で指摘してきた。一方、これまでの専門領域ではいわゆるライ
ティング・スキルについて数多くの研究業績はあるが、学生・
生徒が書いた成果物を直接考察するものは案外少ない。第 1 章
では、「書く」活動の成果物である**ミニッツペーパー**の 1 つと
して独自に作成した**レスポンスシート**（以下、シートと略記）
をつぶさに観察している。そのことを通じて、作成した学生・
生徒のどういう側面が見えてくるのかを指摘していく。

　講義などにおいては、ミニッツペーパーを「書く」活動を実
践する際に一定のルール設計が必要である。いわゆるアカデ
ミック・ライティングは、Twitter や LINE などの SNS でやり
取りされる文章とは文法が本質的に異なるため、このスキルを
身につけさせるのが大学教育の重要な責務であるからだ。第 2
章では、講義などにおける学生・生徒のシート作成を維持させ
るとともに、その質を高めるためのツールである**ルーブリック**
について、自ら作成・活用してみて明らかにできたことを指摘
していく。

　高等教育のユニバーサル段階への移行と少子化が進む中で、
学生に魅力あるキャンパスライフをアピールするべく、現在大
学はさまざまな教育サービスを提供している。学生たちは提供

されるサービスの中からいくつか選択するだろうが、大学にとって重要なことはサービスを享受した学生がその後どのような行動をしてきたのか、これを追跡してその結果を検証することである。学生たちの大学卒業後における行動の追跡は困難を極めるが、在学中であれば彼らの行動を追跡するのはそこまで困難ではない。第3章では、シート上で行ったアンケート調査と教学データを組み合わせて、ある講義を履修した学生たちの特定科目への履修パターンについて追跡調査している。それを通じて私の担当する科目、ひいては本学部のカリキュラムシステムの一部について一定の評価を試みたい。

　本章でも触れたが、高等教育がユニバーサル段階に移行する中で、大学とのミスマッチなどさまざまな原因で学生が中途退学する事象が見られる。そこに少子化や文科省による猫の目のように変わる規制が加わると、中途退学者の放置は大学運営に直結してしまう。そのため、大学において中途退学者を出さないためのさまざまな方策が取り入れられ、その出現確率を予測する動きも現れている。いわゆる中退予測は教学 IR 活動の一部ではあるが、膨大なデータセットを用いた高度な統計処理が必要なのが一般的であり、一教員が本格調査するには困難を極める。第4章では、学生が作成したシートの記述内容をテキストマイニングによってデータ化し、そのデータが中途退学の可能性のある学生群を発見できるかどうかについて検討している。もし、テキストデータが中途退学者の特徴をうまく抽出できれば、彼らの早期発見に貢献できることが期待される。

ここまでの各章は溝上慎一の AL の定義にもとづき、シートを活用した AL の実践およびその 2 次利用について検討している。しかし、私はゼミにおいてディスカッションやプレゼンを実践しているが、講義の中で本格的な AL を組み込んだ経験が一度もなかった。すでに述べているが、大学教育のユニバーサル段階では多様な学生たちが集まる。そこにおいて彼らに必要な知識・スキルを伝えるには、従来とは異なる手法を採用する必要がある。第 5 章は AL の実践報告が中心である。偶然にも、2017 年度から現職教諭に対する教員免許状更新講習を担当する機会に恵まれたので、グループ・ワークを軸にした AL を実践した。それを通じて、講義の中に AL 的要素をどのように挿入すればいいのか、どうすれば首尾よく講義運営ができるのか、こうした点について考察を加えていく。

　以上の検討を踏まえて、終章では学生の就職意識や状況を観察しながら、大学教育で身につけさせるべきスキルについて一定の方向性を示していきたい。

学生・生徒の意欲等をどこで見るか？

はじめに

　前章では溝上慎一による AL の最も広い定義を紹介した。これを踏まえるならば、学習活動において認知プロセスの外化を伴うあらゆる行為が AL である。その意味で、さまざまなレベルで AL を語ることができるが、どういう枠組みで実践しようとも「聞く」「書く」「話す」のうち少なくとも１つは必ず行われるはずである。本書では「書く」活動を通じた AL についてさまざまな観点から検討するが、本章では、私が「書く」活動を主軸にした AL のために独自に作成したシートとその作成例を観察することで、記述内容以外の部分でどういった事項が見えてくるのか。これを検討していきたい。

　大学教育の現場において「書く」活動を伴う学習活動は昔から行われている。論述式の定期試験や小テスト、レポート、卒業論文がその典型である[1]。最近ではプレゼン資料も含まれるだろう。また、断片的だが昔から各教員が講義終わりに短い感想文などを書かせることも実践されていた。これは今日、ミ

---

1 ▶ レポートや卒業論文は（学問領域による差異はあるが）記述形式が比較的明確なので、「何を」「どのように」「より説得的に」書けばいいのか、その指導方法についてかなりの研究の蓄積がある。たとえば、次の文献は有用である。関西地区 FD 連絡協議会・京都大学高等教育研究開発推進センター（編）『思考し表現する学生を育てるライティング指導のヒント』ミネルヴァ書房、2013 年。

ニッツペーパーや**コミュニケーションカード、リフレクション
シート**などの名称でよばれるもので、本書で扱うシートもこの
範疇に入る[2]。

　受講対象となる学生・生徒により若干異なるが、私が使用す
るシートには、

• この講義でどんな話をしていたか？
• この講義でどこが印象に残ったか？
• この講義からイメージを膨らませてみると……？

の３つを書かせるようにしている。それと同時に、このシート
は講義内容のメモを取るスペースを設けている。いわば小レ
ポートと板書ノートを併せ持った機能のある用紙であり、この
作成を積極的に行えば、見返すだけで詳しい講義内容とその集
約作業を振り返ることができる。それと同時に、講義によって
はレポート作成の基礎資料にも活用できるようになっている。

　以下では、実際のシート作成例を見る中で、文字が学生・生
徒のかなりの情報を与えてくれることを指摘したい。なお、こ
こでは高校１、３年生と大学２回生の計９名を紹介するが、各学
年はすべて実施当時のものである。そして、すべての作成例は
章末に一括して掲載している。

高校1年生のシート観察

　最初に紹介するのは、私が 2016 年度にスーパー・グローバ

---

2 ▶ こうした比較的短時間で完成させる文書作成の枠組みやポイントなどについては
次の文献が詳しい。中井俊樹（編）『シリーズ大学の教授法 3　アクティブラーニン
グ』玉川大学出版部、2015 年。

ル・ハイスクール[3]（以下、SGH と略記）に指定されたある高
校のある授業で作成したシートである。用紙は B4、右側に講
義の要旨などを書くスペース、左側にメモを書くスペースを配
置している。この授業時間は 65 分で、作成したシートは翌日
を期限に提出するようにした（その理由は次章で説明する）。

　まず A さんのシート（図1−1、p.56−57）を見てみる。さす
がに高校に入学して間もない生徒にアダム＝スミスの話は難解
なのは当然で、特に「今回の講義内容を何かにつなげてみよ
う」では悪戦苦闘している。それでも、メモに書かれたちょっ
としたイラストは私にとって衝撃だったし、メモ自体も講義内
容を的確につかんでいる。なお、A さんは講義期間中のすべて
において図のような質の高いシートの作成ができていた。

　次に、同じ授業を受けた B さんのシート（図1−2、p.58−
61）を見てみる。このうち（a）は 5 月時点、（b）はおよそ 1 か
月後の 6 月時点のものである。両者を比べて一目で分かる大き
な違いはメモの取り方である。（a）でもそれなりにメモは取れ
ているが、レイアウトがやや煩雑で講義のストーリーが分かり
にくかった。それが（b）になるとマンガのようにコマ割りし

---

3 ▶ 文科省の SGH 実施要項に次のような趣旨説明がある（筑波大学附属学校教育局
ホームページ（hppt://www.sghc.jp/）に掲載）。
　■ 高等学校及び中高一貫教育校（中等教育学校、併設型及び連携型中学校・高等学
　　校）（以下「高等学校等」という。）におけるグローバル・リーダー育成に資する
　　教育を通して、生徒の社会課題に対する関心と深い教養、コミュニケーション能
　　力、問題解決力等の国際的素養を身に付け、もって、将来、国際的に活躍できる
　　グローバル・リーダーの育成を図ることとする。
この趣旨を実現するには『学習指導要領』に沿った科目・授業編成は難しい。そのた
め、SGH には『学習指導要領』によらない学校独自の教育課程を編成・実施できる権
限が与えられる。また、その実施のための特別な財政支援もある。

てメモを取るようになっている。書かれた文字も（a）（b）を比べると後者の方が若干ていねいに書かれた印象がある。これらは私がアドバイスした訳ではなく、漫画研究部に所属するBさん自身の創意工夫によるものである。これ以降、Bさんは（b）のスタイルでシートの作成を継続させた。

　このように、書く内容は毎回異なってもその形式を同一にしておけば、作業を続けさせることで学生・生徒の変化を読み取ることができる。もちろん、学生・生徒の変化はメモのレイアウトやまとめの文章の表現力ばかりではない。文章構成の基本である漢字や文法の初歩的ミスでも変化を捉えることができる。ある時点でこちらがミスを指摘して次回以降に同じミスを犯さないかどうかを観察することでも、彼らの変化を捉えることができる。実際、この授業を受講した生徒たちにも漢字などの初歩的ミスは見られた。しかし、私が指摘して以降では同じミスを犯す者はいなかった。

　一般に、SGHに指定される高校はいわゆる進学校が中心である。彼らは基礎学力がそれなりに備わっていると認知されているが、その延長線上に捉えられるまとめる力や、ミスの修正能力、ミスしない注意力もある程度備わっており、それがシート作成に反映されることを表す好例だと言える[4]。

---

4 ▶ まとめる力は綺麗なノート作りに反映される。太田あやによる東京大学に合格した人のノートを集めて取材した「東大ノートシリーズ」を見ると、目標達成のための創意工夫が凝縮されたノート作りがいかにさまざまなスキルを体得させるのかが納得できる。たとえば、太田あや『東大合格生のノートはかならず美しい』文藝春秋社、2008年。

高校3年生のシート観察

　次に、高校３年生のシートを見てみる。本学部において2015年度から、AO入試の出願前の段階で「事前講義」というイベントが行われるようになった。この講義は毎年６月に４〜５回実施され、出願を考えている生徒はそのうち２回以上受講しなければならない。そこにおいて参加者に作成を義務づけたものが、図１−３（p.62−65）および図１−４（p.66−69）で示したシートである。

　事前講義は１回３時間程度行われ、その時間配分は次のようになっている。まず提示されたデータを加工（電卓で計算）する。それをシートに転記するのと同時に、加工したデータを折れ線グラフにする。ここまでを１時間程度で仕上げてもらい、グラフの背後に隠れた事項について１時間半程度かけて解説する。なお、作業と解説の時間配分は講義内容に合わせて適宜組み替えている。そして、残りの時間で講義内容を文章でまとめる。本章で紹介するさまざまなシートの中では唯一その場での完成を義務づけたものである。このシートの用紙はB4、講義内容のメモは裏面に書くようにしている。

　図１−３は、2016年度の事前講義を通じて出願して合格したＣさんのシートで、（a）は初回、（b）は２回目に受講したものである。こういう形式の講義は初体験だろうから、（a）ではデータの加工はある程度できていてもグラフ作成まで時間が回らなかった。これでは《マズい！》とモチベーションが上がったのだろう。（b）では手際よくデータを加工し、時間内にグラ

フ作成ができていた。それと同時に、誤字は見受けられたが、まとめの記述内容も（a）と比べて（b）ではわずかだが質が良くなった。

　一方、図1-4は2015年度の事前講義を経験しながら出願しなかったDさんのシートである。このうち（a）は初回、（b）は2回目に受講したものである。これを見ると、（a）ではデータ加工とグラフ作成はそれなりにできているが、文章で内容を十分まとめられていなかった。書く時間が少なかったとはいえ、講義内容のまとめで《〜がよく分かりました》としか書けないというのは、講義内容を分からないなりに積極的に聞こうとする姿勢が欠けている証かもしれない。あるいは、内容について行けず《〜がよく分かりました》としか書きようがない証かもしれない。しかも、文字の形や大きさが1つ1つバラバラで、読むのに苦慮するものだった。それが（b）になるとデータ加工およびグラフ作成が首尾よくいかず、まとめの文章も改善が見られなかった。初回の受講経験で《ムズイ……》とモチベーションが下がってしまったのかもしれない。

　中堅私学のAO入試を出願しようと考える生徒の所属高校は、進学校ほど勉強のトレーニングを積んでいる訳ではない。その差は、いわゆる入学試験で測定される学力の違いとして認識されるのはもちろんだが、少し高めのハードルにモチベーションが削がれたり、ある事柄を少し長い文章でまとめるとか、その際の漢字・文法を正確に操れるとか、ちょっとした作業をていねいに行うとか、メモをコンパクトにとるアイデアを思いつく

といった習慣性が決め手となる項目についても、スキルのレベル差として存在することが図1−1および図1−2と図1−4の比較を通じて見て取れる。

大学2回生のシート観察

　少なくとも、いわゆる進学校においてＡさんやＢさんのような質の高いシート作成ができる生徒に出会える確率は高い。それと同時に、大学進学が難しいと言われる高校においてＤさんのようなシートしか書けない生徒に出くわす確率も高い。そのため、中堅私学の中心的顧客層たるボリュームゾーンには、スキルもモチベーションも多様な生徒層が存在することが想起される。こうした生徒層が大挙する中堅私学において、学生たちはどんな文章を書くのだろうか。以下では、その一例を紹介しよう。

　本学部では2011年度よりコース制を採用しており、2回生秋学期からコース所属を意識した履修を行うことを推奨している。その前段階として、2回生春学期に各コースの特徴などを専任教員が解説するリレー講義「コース導入講義」（以下、導入講義と略記）を開講している。この講義は2012年度から始まり、私はその初年度からチーフを担当し、そこにおいてもシートを使用している。この用紙はA4、メモは裏面で行うようにしている。これについても翌日を期限に教務課の所定場所に提出させるようにしている。

　では、この講義で提出された学生3名のシートを見てみよう。

1人目は2015年度に受講したEさんのシート（図1-5、p.70-71）である。このうち左側が講義中盤の6月3日、右側はその翌週の6月10日のシートである。このタイミングのものを取り上げた理由は、3日に比べて10日の文章が量・質とも急激に良くなったことと、「今回の講義に関連して知りたいこと」で講義中に気になった用語などを調べて、それをまとめるようになったことである。厳密に言えば、この箇所では疑問点や考えるきっかけを書くべきであり、実際3日では疑問点を書いている。しかし、その内容は疑問というには射程が広すぎて、ゲストの講義内容をつかんだ上での疑問提示になっていなかった。それが10日では気になった単語を調べて書くようになった。疑問提示に至らなくても分からないことを放置しなかった姿勢は褒めるべきで、私はこの点を高く評価した。それ以降、Eさんはこれに準じた質の高いシート作成ができるようになった。

2人目は2017年度に受講したFさんのシート（図1-6、p.72-73）である。このうち左側が初回の提出となった4月12日、右側が最終の提出となった7月12日のシートである。2つを比べて明らかだが、Eさんと同様Fさんも文章の量・質とも格段と良くなった。

なぜ2人のシートに書かれた文字数が大幅に増えたのか？それは暗に「たくさん書いた方が高得点」と仕向けたからである（これについても次章で触れる）。しかし、それで私の意図した通りにすべての学生が動いたのであれば、バラ色の講義空間の実現となるのだが、そう首尾よくいかなかった。その一例

が 3 人目である G さんのシート（図 1 - 7、p.74 - 75）である。G さんは F さんと同じ時期に受講し、図の左側は講義序盤の 4 月 26 日、右側が講義終盤の 7 月 6 日のシートである。2 つのシートを比べてみて興味深いことが 2 点ある。第 1 に、4 月に比べて 7 月の文章量が多くなった。第 2 に、4 月に比べて 7 月の文字が少し雑になり、（少々判別しにくいが）筆圧が少し薄くなった。

　なぜこうなったのか？ 1 つ考えられることはこの講義に対するモチベーションが E さんや F さんでは最後の講義まで続いたのに、G さんは持続できなかった点である。私は毎年度、この講義の最終回に受講生の取組姿勢などを別形式のシートで自己評価してもらっている（第 4 章では、その内容からテキストマイニングにもとづいた分析をしている）。その際、E さんと F さんは揃って《レスポンスシートでいかに高得点取るかを毎回必死で考えた》と懐述していたが、G さんは《レスポンスシートを書いたけど提出できないことが何回かあった》とあった。実際、E さんと F さんは毎回のシートをすべて提出（4 回義務づけたレポートも全部提出）して優秀な成績で合格したのに対して、G さんは 15 回中 5 回程度シートが未提出（4 回のレポートも一部未提出）で、あと一歩のところで不合格だった。

追跡サンプル

　これまでのシートの観察において、その時点での記述内容もさることながら、漢字・文法の初歩的ミスや文字の大きさの変

化も、学生・生徒の基礎学力や学習習慣、モチベーションのありようも判断できるのではないかと指摘してきた。とはいえ、本章で見てきた変化は数週間や数か月といったごく短期間のものであった。もちろん、その期間中でも変化があれば十分観察可能ではあるが、より長期間にわたる変化を捉えることができればより有力なエビデンスとなるであろう。そこで、ここでは高校３年生の事前講義と大学２回生の導入講義の両方を受講したＨさんとＩさんの２人のシートを観察してみよう。事前講義の受講時期を起点にすれば、導入講義はそこから２年経過したものであり、その差異を見ることでどういった変化が見られるのかが判断できると思われる。

　まず、図１−８（p.76−77）にあるＨさんのシートから確認する。この図の左側は事前講義（ただし、紙幅の都合でグラフ部分は省略）、右側は導入講義のもの（図１−９、p.78−79も同様）である。これを見ると、講義内容のまとめ部分について、事前講義に比べて導入講義の方が的確に要約できるようになっている。また、講義内容を踏まえてイメージを膨らませる部分については、導入講義の方がより自分の意見を表明しようという意識が見えるようになっている。そして、一目見て分かることであるが、シートに罫線が引かれていないにもかかわらず、導入講義の文章は見事に水平に書かれている。そのためには定規を下にあてて書かねばならないが、本人に確認したところ定規は使っていないという。それに比べると、事前講義ではわずかだが行の流れが上下に揺れている。また、若干ながら高校時

点に比べて筆圧が濃くなっている。

　次に、図1-9のIさんのシートを確認する。これを見ると、講義内容のまとめに関しては事前講義に比べてコンパクトさを意識した記述になっているが、やや手を抜いたかと思しき印象を抱かせる。しかし、イメージを膨らませる部分については、自分の考えたことをきちんと表現できるようになっている。そしてHさんと同様、Iさんも高校時点と比べると若干筆圧が濃くなっている。

　HさんやIさんが高校3年から大学2回生にかけてどんなスキルを獲得し、それを通じてどこまで成長できたか？　現状ではそれを定量的に把握できてはいない[5]。しかし、彼らが《成長しているな》と感じさせるものが、シートの書き方の変化か

<hr />

5 ▶ シートに含まれる情報からどんな技能を抽出して測定するか、この点については私に課された今後の課題であるが、本章の主旨とは少々外れた議論でもある。そこで、学生の「書く」活動からどんな技能を見出して測定するのかについて、2つの先行研究を紹介しよう。
　斎藤有吾は、2013～14年度に新潟大学歯学部で開講された1回生科目「大学学習法」の受講生のうち、データの取れた116名を対象にレポート課題を用いたルーブリック（定義等については次章を参照）の評価軸を用いて項目反応理論に準じた能力値を計測した。この研究では、ルーブリックの各評価軸の能力値の特徴やその経年変化を探るには有益だが、総体的なライティング力を把握するにはルーブリックによる合計点数で実際上の問題がないことを指摘している。斎藤有吾「パフォーマンス評価における項目反応理論を利用したアカデミック・ライティング力の測定」『京都大学大学院教育学研究科紀要』第62号、2016年、pp.427-439。
　林創と山田剛史は、岡山大学教育学部で2011～12年度に実施された3回生合同ゼミ参加者19名に対して「書く力」と「データ分析力」を高めるための課題に取り組ませ、その前後で批判的思考態度（平山るみ・楠見孝「批判的思考態度が結論導出プロセスに及ぼす影響―証拠評価と結論生成課題を用いての検討―」『教育心理学研究』第52巻第2号、2004年、pp.186-198）がどのように変化したかを調査した。その結果、合同ゼミ不参加の学生47名に比べて参加学生の批判的思考態度尺度が有意に高まったことを示した。林創・山田剛史〈実践報告〉リサーチリテラシーの育成による批判的思考態度の向上：「書く力」と「データ分析力」を中心に」『京都大学高等教育研究』第18号、2012年、pp.41-51。

ら観察できるのである。

モチベーションの高い学生の属性

　ここまで、9名の学生・生徒が作成したシートを観察してきた。その中で、所属もしくは出身高校および所属大学に関係なく、初めて学ぶ講義内容に対して次のような学生・生徒層が存在するのを確認できた。

● メモ作成などに工夫を凝らし、高いモチベーションを維持して何とか理解して文章にまとめようとする。

● モチベーションが損なわれ、文章にまとめようとする努力を放棄する。

● 大学の講義を経験し、その向き合い方を学ぶことを通じて、文章でまとめる力がつくようになる。

いずれも、学生・生徒を一定期間観察すれば容易に実感できるものであるが、ここで重要なポイントは、こうしたことがシートの出来栄えに直結するということである。

　ところで、これまでの紹介でモチベーションという言葉が出てきた。これ自体は序章でも指摘したように学力に依存すると考えられるが、わずかなきっかけで簡単に崩れる性質を持っているとも言える。これに関連して、興味深い調査研究があるのでいくつか紹介しよう。

　倉元直樹と大津起夫は、2000～09年度における AO・推薦・一般の3種の入試制度と、それぞれの入試制度を経て入学した学生の学籍状況（除籍・退学・留年）と成績状況との関連性を、

東北大学の有効データ 23,270 名分を使って調べた[6]。その主要な結果は以下の通りである。

- 1 度も留年や休学することなく卒業した「ストレート卒業」の割合は、【推薦Ⅰ】87.2%、【AOⅡ期】84.1%、【AOⅢ期】81.8%の順に高かった。

- 退学等の割合は、【一般後期】18.1%、【AOⅢ期】11.5%、【推薦Ⅱ】10.1%の順で高かった。

- 開講科目における成績と修得単位数の状況は、推薦や AO 入試を経て入学した学生の方が良好だった。

この結果を見ると、一般入試ではなく AO 入試や推薦入試で入学した学生は成績状況がよく、その結果ストレートに卒業できている傾向が強いこと、その反面、それらの学生の中で除籍や退学した者の割合も決して低くはないことが分かる。

　西郡大は『大学入試研究ジャーナル』誌上に創刊（1991 年 3月）から 2010 年までに掲載された 121 本の追跡調査をレビューし、入試制度と入学後の学業成績などとの関連性についての傾向的結論についてまとめている[7]。その一部を抜粋すると以下の通りである。

- 入試の成績と入学後の学業成績に相関関係が見られず、むし

---

6 ▶ 倉元直樹・大津起夫「追跡調査に基づく東北大学 AO 入試の評価」『大学入試研究ジャーナル』第 21 号、2011 年、pp.39-48。なお、AO 入試については 2020 年度実施の入試から**総合型選抜**に名称が変更されたが、本書ではあえて執筆時点（2018 年秋）の表記で統一している。2020 年度に実施された大学入学者選抜実施要綱について」を参照されたい。
7 ▶ 西郡大「個別大学の追跡調査に関するレビュー研究」『大学入試研究ジャーナル』第 21 号、2011 年、pp.31-38。

ろ調査書の評定平均を中心とする「高校成績」の方が入学後の学業成績に影響する。

- 好成績を修める学生の特徴は入試成績の上位者ではなく、むしろ入学後のモチベーションや勉学に対する高い意識をもつ学生である。

- AO入試を経て入学した学生の学業成績は他の入試制度を経た学生と遜色なく、むしろ他の入試制度に比べて高い学習意欲や積極性をもって入学する傾向にある。

大塚智子らは、2003〜04年度および2007年度に高知大医学部医学科に入学した学生を対象に興味深い追跡調査を行った[8]。高知大学医学部医学科のAO入試では、2002年度より第2次選考で実施される課題解決学習（Problem Based Learning：PBL）を通じて「主体性・多様性・協働性」という情意領域を評価し、それにもとづいて入学者を選抜している。大塚らは、医師国家試験合格後に臨床研修を受ける際の指導教員に対して指導学生の情意領域に関するアンケート調査を行い、その調査結果とAO入試で入学した37名の入学時点の情意領域評価との相関を調べた。その結果、両者の間に中程度の正の相関が観察された。そして、AO入試で入学した37名とその他の入試制度で入学した47名との間で情意領域の評価の差異を検証したところ、「チーム医療」に属する項目についてAO入試入学者

8 ▶ 大塚智子・武内世生・高田淳・倉本秋・瀬尾宏美「卒後追跡調査より「主体性・多様性・協働性」評価の有効性を示す」『大学入試研究ジャーナル』第27号、2017年、pp.55-61。

の方がその他の入試入学者よりも有意に高かった。

まとめ〜文字から得られる情報の重要性〜

　上の調査結果は、大学入試制度の違いと入学後の学業成績などや卒業後の勤務態度などとの関連を述べたもので、本章で検討したことと観点がずれていると思われるかもしれない。しかし、学生・生徒における（意欲などを含めた）学習に関する成熟度合いを観察する上で、興味深いポイントをこれらの結果は示している。

　先行研究で明らかにされたことを踏まえると、傾向的に入試段階の学力検査（すなわち入学試験）よりも、前段階の学校環境（すなわち高校）における勉強に対する取り組み姿勢が重要である。そこで醸成されるモチベーションや学ぼうとする意欲が持続すれば、大学入学後はもちろんのこと大学卒業後も一定以上の成果を上げる傾向にある。一方、モチベーション自体はほんの少しのきっかけで容易に崩れ去る性質をもつ。だからたとえば、AO入試で入学したモチベーションが高い学生は他の入試制度入学者と成績面で遜色ない反面、中途退学も多いのである。すると、高等教育に携わる者の直面する課題は、与えられた環境下で学生に対していかにモチベーションや学ぶ意欲を維持・向上させるかということになるだろう。

　しかし、自分の目の前にいる学生・生徒の中で誰がモチベーションを高く維持でき、誰がそれを低下させて学びから逃避しようとしているのか？ 先行研究では学生の成績評価などを追

跡調査する形で明らかにしているが、成績評価で見た場合、芳しくなくなった時点でモチベーションは相当下がった状態のはずである。ならば出席動向はどうか？　欠席が目立ち始めた時点で、モチベーション低下はかなり進行しているはずである。つまり、きっかけはどうであれ、欠席が目につく前にモチベーション低下を見極めなければならない。そして、その見極めは学生・生徒の行動を継続的に観察することでしかできない。その意味でも、教育関係者は学生・生徒のモチベーションや、学習意欲の現状を観察する手段を持たなければならない。その術の１つが、本章でも指摘したシートで「書く」活動を通じて表現された文字情報なのである。序章でも指摘したように、ALと学力の相互関係性が高等教育でも成り立つならば、本章で観察したシートの成果は作成した学生・生徒の学ぶ姿勢などを表すと同時に、学力の程度も表す指標となりえる。逆に言えば、入学段階で芳しくない学生であっても、在学中に「書く」活動のコツをつかめば、彼らの学力向上とともに、モチベーションの低下を食い止める手段になるのではないか。第４章では学生が作成したシートに書かれた文章の語彙数から、中途退学の可能性のある学生（以下、**除退予備軍**）を見出すことができるのかについて検討している。モチベーションがある程度低下しきった学生の行動が中途退学として表出するだろうから、彼らの記述からその動向を見極めることは可能ではないだろうか。そういう思いでシートを観察すれば、別な視野が開けてくるかもしれない。

　文字は口以上に物を言う。書かせたシートにある文字の大き
さ・形・筆圧・シートのレイアウトなど、これらを見れば学
生・生徒の課題に取り組む際の基本スキルが分かる。そして、
これらの変化を見れば学生・生徒のモチベーションの変化が分
かる。文章で嘘はいくらでもつけるが文字は嘘をつかない。大
学を含めたすべての教育関係者はこの点を肝に銘じておいた方
がいいだろう。

図1−1 ▶ Aさん（高校1年生）のレスポンスシート

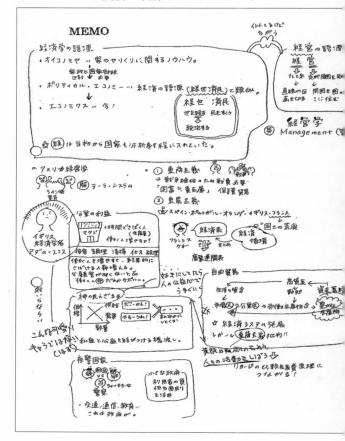

2016年6月8日（水）実施

レスポンスシート

	高等学校	1年	組	番
ふりがな			性別	
氏名				

1. 今回の講義テーマ

　経済学の父　アダム・スミス

2. 今回の講義内容をまとめてみよう

経済学、経営学は似ているが違う。アメリカの経営学ではラインの従業員がもめたときに解決策としてテーラ・システムがとられた。様々な国で重商主義が主張されてきた。これは貿易がとても保護され、「国富と養金業」という発想になっていた。スペイン、ポルトガル、オランダ、イギリスに出現されたフランスは失敗し国が疲廃したため農業などとした経済循環をすることを考えた。これとフランス・ケネーは経済表にまとめ、今はひきつがれて産業連関表とされている。イギリスの経済学者アダム・スミスは分業の大切さ・神の見えざる手、保護貿易、自由貿易のやり方のことを言った。この中で国の発展はリカードのCC論を

3. 今回の講義内容で印象に残ったことを書こう　生産要素理論につなげる。

代わりな事など自由貿易なくしてみて政府などが何もしなくても悪い方に保護していくことを... この通りばなったらすごくいいのになと思いました。でも、どんな国でも守りたいのでそれをするのが問題点でありそれが重商主義なわけりでした。この重商主義なわけりが何か上く分からなかったので、気になってしまい印象に残りました。

4. 今回の講義内容を何かにつなげてみよう

分業の利点で、授業では例にマクドがいわれていましたが、私はバイトなどをして働いたことがないので今は分かりませんが、働く人を増やすと結果的にさばける数が増えるんだなって思っていました。働く人が少人数ですけれど、全員が熱心に働いてできば生徒人数が多人数でもさばかない（少なくばいいと頑張って思いました。結果

働くときに話が出来きさばけるなど口出しできなくて、頑張る方にいきたいと思いました。

に

☆ 6月9日（木）の昼休みまでに、
　提出すること

さばけるかどうかは違いとは、やはり、与えられた環境にはきんな人間がいた方がいいですよ。この授業だって色んな生徒・先生がいるから面白いんです。要は他人のキャラを認めるかどうかですけどね

図1-2 (a) ▶ Bさん (高校1年) のレスポンスシート (その1)

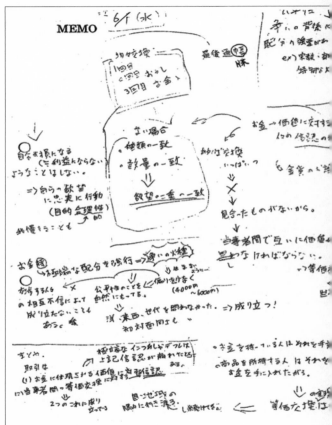

58

2016年5月11日（水）実施

レスポンスシート

	高等学校	1年	組	番
ふりがな			性別	
氏名				

1. 今回の講義テーマ

経済システムを根底で支えるもの

2. 今回の講義内容をまとめてみよう

実験として物々交換をして価値に対する人々の信認の表れのことや
等価交換の原則を学んだ時。
そして、もう一つ最後通過ゲームを通して目的合理性についてと
人が持っている公平性からの争いの火種の生まれを学んだ。

この感覚は
とても大事

3. 今回の講義内容で印象に残ったことを書こう

物々交換の実験では、3回目の平木先生がお金を見せてきたときに
私の持っていたへを見て、数が3個と何個かあれば　と言われたことを等価交換の原則を
聞いていたときに思い出し、話が自分の中で一つになったのでとても印象に残りました。
欲望の二重の一致でも2回目に種類が2つとも同じで数が私の方が多かったときと
私の方から断ったところがその話に一致して印象に残りました。

→つづき。

4. 今回の講義内容を何かにつなげてみよう

何か物の交渉をするときに自分の価値だけじゃなく相手の考える価値も予想
して、どちらにもあまり損がないように考えることで交渉が効率よくできるので
はないかと考えました。

入あたり
ながら。

→ 方カレげんの話だとうまくいきます。
在左、お金を持つ人がどれを手放そうとしない限り
うまく回らないということもあるんですね。
今回の実験でよ～く分かりました。

に

☆ 5月12日（木）の昼休みまでに、
　提出すること

図1−2 (b) ▶ Bさん（高校1年生）のレスポンスシート（その2）

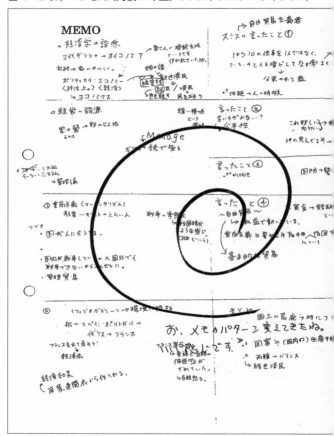

2016 年 6 月 8 日（水）実施

レスポンスシート

	高等学校	1 年	組	番
ふりがな			性別	
氏名				

1. 今回の講義テーマ

経済学の父　アダム・スミス

2. 今回の講義内容をまとめてみよう

はじめに経済学、経営学の語源を知り、それぞれの発想などの違いについて学んだ。そこからアダム・スミスの主張を中心として重商主義についてや主要な論点を前置きとして学び、分業の利益についてや需要と供給、私益と公益の神の見えざる手、夜警国家の重要性や自由貿易のシステムについて学んだ。

3. 今回の講義内容で印象に残ったことを書こう

私は今回、はじめのほうに話していた中国の四字熟語「経世済民」や経営の語源についての話が印象に残りました。漢字の元々の意味についてこれまで考えたことがなかったので原点をたどると詳しく、分かりやすく言葉の意味を理解することができるんだと驚きました。案外、語源って大事なんですよ。特に「表意文字」である漢字を扱う国ではね。

4. 今回の講義内容を何かにつなげてみよう

これがまさに経営学の中心的課題

分業の利益はマクドなどのお店だけじゃなく、会社での業務や学校での文化祭などの行事の役割分担にも負担や効率という面であてはまるのではないかと思いました。行事の役割分担をするとき、中学校ではほぼ全員が大量発生していました。今回の分業の利益の話を聞いて、人それぞれの技能、特徴を見て人数調整をしていけば、良くなってったのかなど思いました。→そこの見極めが大変なのよ

☆ 6 月 9 日（木）の昼休みまでに、
提出すること　　　　　　　　　　に

61

図 1–3 (a) ▶ C さん (高校 3 年生) のレスポンスシート (その 1)

2016 年 6 月 11 日 (土) 実施

事前講義　レスポンスシート

ふりがな		高等学校
		性別
氏名		

1. 作業

年度	2005	2006	2007	2008	2009
基礎的財政収支対名目GDP比	-1.79	-1.27	-0.66	-1.94	-5.77
名目経済成長率	0.51	0.74	0.77	-4.58	-3.17

年度	2010	2011	2012	2013	2014
基礎的財政収支対名目GDP比	-3.65	-5.31	3.57	-3.58	-2.18
名目経済成長率	1.58	-1.32	0.05	1.69	1.49

2. 今回のまとめ

・信務残高対名目GDP比→日本はダントツの世界ワースト1である。
・収入は全て使われる。収入＝支出→予算制約という。(政府…歳
・ドーマーの公式を使い、信務残高対名目GDP比を低下させるにはどう
・好況時に(増税・自然増税)を本気でしなかったため、現在の信務増
　しました。・国債費は国会では決められないため、政府が悩んで

3. 今回の話を通じて考えたいこと

・不況・好況・景気後退の順番で国
　増税にあまり関心を持てなかったが、今回の話で増税はしておかな
　ならない事だと分かった。日本の借金が返せるまでの道のりは非
　速いと改めて考えさせられた。2割が利子と言うことにかなり
　少しでも早く国の借金がなくなるように、国民と政府、国会(対)の
　と十和力が必要であると私は考えた。

　　　それと、日本の経済システムに活気がもどることも大
　小さくまとまりすぎだよ。みんながやろうとしない時こ
　チャンスです。それを活かすことから道は開けてきます
　政府も同じことです。

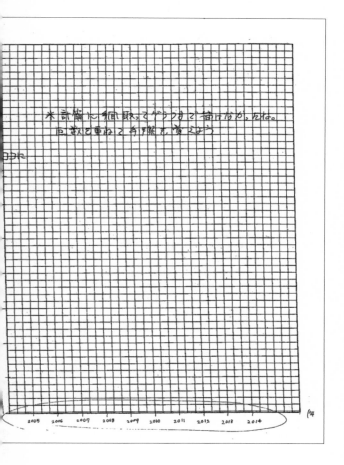

図1-3 (b) ▶ Cさん (高校3年生) のレスポンスシート (その2)

2016年6月25日 (土) 実施

事前講義　レスポンスシート

		高等学校
ふりがな		性別
氏名		

1. 作業

選んだ業界を記入のうえ、答えを書いてください。

年	2003	2004	2005	2006	2007
プロバイダ 業界	640.04	689.35	928.9	896.13	851.85
デジカメ 業界	1035.72	1112.57	1192.99	1294.94	1194.57

年	2008	2009	2010	2011	2012
プロバイダ 業界	853.24	821.01	765.22	700.47	655.4
デジカメ 業界	1109.4	1211.8	1353.59	1120.03	1316.43

2. 今回のまとめ

・完全競争に 4つの条件で成り立っている。
　1つでも 満たさない市場 ⇨ 不完全競争 … 消費者側には 望まない状態
　　　　　　　　　　　　　　　　　　　　　　　　　　　　（独占 寡占状態）

・2社以上の 少数の会社で 競争している ⇨ 寡占

・ハーフィンダール指数 … 競争度が高いほど、0に近い値。
　　　　　　　　　　　　　競争度が低いほど（独占）、10000に近い値

3. 今回の話を通じて考えたいこと

　私が調べた 業界は たまたまどちらも 競争率が高い 業界だった。
グラフを見てみると、プロバイダの方は、2003年～2005年にかけて
上昇しているが、2006年以降 からは 右肩下がりになっている。すなわち
競争率が年々高くなってきていることを示している。デジカメの方は、
市場占有率が 一貫して トップである。そして、市場占有率が拡大してい
ことが分かる。とても 興味深い 内容だったので、機会があれば
新聞 などを見て、色々な 業界の 競争率を 調べてみたいと考え

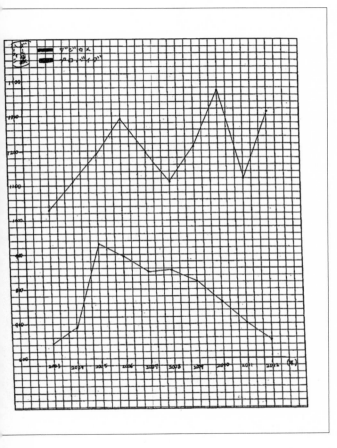

図1−4 (a) ▶ Dさん（高校3年生）のレスポンスシート（その1）

2015年6月20日（土）実施

受験前講義　レスポンスシート

		高等学校
ふりがな		性別
氏名		

1. 作業

バブル景気とその周辺
（1986〜1995）

1986	1987	1988	1989	1990
44.4	53.6	57.7	66.6	36
1991	1992	1993	1994	1995
32	25.9	34.6	60.4	88.9

いざなみ景気とその周辺
（2004〜2013）

2004	2005	2006	2007	2008
8.3	9	1.5	-10.2	-22.4
2009	2010	2011	2012	2013
—	-4.9	-42.5	-55.8	-24

2. 今回のまとめ

本来の苦しい仕事をみたバブルくしてどういうものがというこくがよく分か

感想 は不要.

今回の話を いA物語 としつつも
　　　　コンパクト と書く

3. 今回の話を通じて考えたいこと

「バブルはその四事共月が 来ている時には 当われているものでも、
その四事共月が終きさり(ほ) を度 した時の事を考えなければ
ならないと思いました。
　　　　　　　崩

—— これも感想
　　今回の話と 今持ってる 知識を 結びつけて書く.

66

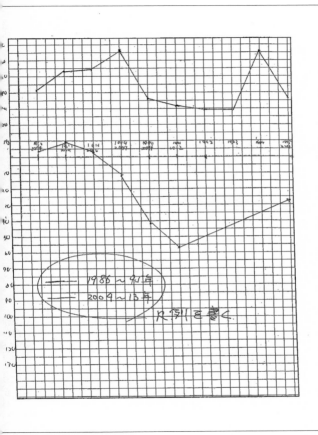

図1−4 (b) ▶ Dさん（高校3年生）のレスポンスシート（その2）

2015 年 6 月 27 日（土）実施

受験前講義　レスポンスシート

		高等学校
ふりがな		性別
氏名		

1. 作業

年	2003	2004	2005	2006	2007
欠員率	2373	331	3.55	3.71	3.5
雇用失業率	6.96	6.53	5.58	4.78	4.843

年	2008	2009	2010	2011	2012
欠員率	2393	2.04	2.17	2.64	3.08
雇用失業率	4.56	8.76	5.92	8.2	4.292

2. 今回のまとめ

バブル崩壊から今後の景気の安定までの流れ
非正規雇用と正規雇用のメリットとデメリットの説明
中卒から大卒までの3年以内の離職率

3. 今回の話を通じて考えたいこと

決して正規社員が必ずしも良いという訳ではなく、非正規社員でも
有難い場も見せられながらという事に驚きました。　　　　（驚）
それと同時にそのためにデメリットがあるという事も知りました。
なので、自分も職業選びを起ぶときは慎重になるけれどと思いました。（重）

とどういう意明

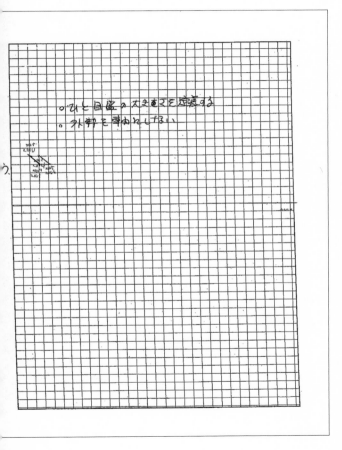

図1-5 ▶ Eさん（大学2回生）のレスポンスシート

2015年6月3日（水）実施

コース導入講義（04）　レスポンスシート

学籍番号	氏名（ふりがな）

1. 今回のコースおよび講師

コース：＿＿＿＿＿＿＿＿＿＿＿コース

講師：＿＿＿＿＿＿＿＿＿＿先生

2. 今回の講義の要旨（箇条書きする）
- 日本が抱える経済問題はたくさんある。デフレやインフレ、企業の危機、財政赤字、貿易赤字、TPP
- などがある。その経済問題を見る時、感情的に悪態で判断したり、論理的に分析して判断する。
- ミクロの論理的に分析して判断する先から経済学が存在。経済学にいう種類あるのがマクロ経済。
- と見ていく。GDPとは、その年に国内で生産されたモノやサービスの合計金額である。
- GDP = C + I + G + EX - IM である。Cは消費、Iは投資 Gは政府支出、EX-IMは輸出入一致である。

3. 今回の講義で印象に残ったこと

バブル前と先ほどか経済が停滞していた理由は、企業が海外へでも行ってしまったこと（産業の空洞化）が主な原因である、ということ。

4. 今回の講義に関連して知りたいこと

グローバル化は解決策になるのか、ということである。日本は「グローバル競争」に勝つにはどうしたらよいか。日本の企業は残るために、どうすればよいか、を知りたいと思う。

★ 6月4日（木）16：40までに教務課レポート投函BOXに提出のこと。

70

2015 年 6 月 10 日（水）実施

コース導入講義（04）　レスポンスシート

学籍番号	氏名（ふりがな）

1. 今回のコースおよび講師

コース：＿＿＿＿＿＿＿＿＿コース

講師：＿＿＿＿＿＿＿＿＿先生

2. 今回の講義の要旨（箇条書きする）

・イタリアと言えば、イタリア料理である。ともをもイタリア料理を広めたのはアメリカ人である。そしてイタリア料理が世界に普及した結果、イタリア経済は潤った。

・次に、輸出を伸ばすために、Made in Italy のキャンペーンをしたり、安心、品の良さ、高級感を少量生産、ブランド化。またワイン、オリーブオイルなど健康面の PR をしている。

・次にイタリアの経済の特徴は、低成長、高失業、高負債率 117%、好不均衡化、財政赤字である。しかし、財政赤字は、我が国より先に歳入を確保するという政策で歯止めをかけているのである。

・次にイタリアとヨーロッパの統合で、EUは、域内貿易の自由化、ヒト・モノ・カネ・サービスの自由移動化、企業は、もっとコストの安い場所で生産できるが、しかし、求めすぎてしまうと（もっと良いものをより安く）競争激化してしまう。1950ちには 6ヵ国だったが現在では 28ヵ国である。

3. 今回の講義で印象に残ったこと

イタリアは小麦輸入大国である。しかし、パスタ輸出大国である。パスタとは小麦とは違って、原料ではなく、加工して「イタリア料理」（付加価値）であることである。またイタリアでは、安心、品質、高級品を提供し、セレブなどをターゲットに絞り込む工夫である。また、Made in Italy のイメージキャンペーン、健康面（赤ワイン、オリーブオイル）のメリットをアピールをする、という工夫をしているのである。こういった、輸出をのばすための工夫が印象に残った。

4. 今回の講義に関連して知りたいこと

財政赤字をどのようにして止めるか、ということである。EUでは厳しい財政規律の設定やイタリアでは歳出する前に歳入を確保したり、アメリカでは国が借金できる上限を議会が設定する、ということである。また、日本では、消費を増税、としているが、それ以外に、どんなことをしているのか、知りたい。調べたところ、消費税の再引き上げと、2020年までに、政府予算の基礎的財政収支の黒字化をめざす「財政健全化目標」の堅持を表明している。

＊ www.nippon.com/ja/features/h00093/　6月10日（水）

★ 6月11日（木）16：40までに教務課レポート投函 BOX に提出のこと。

71

図1-6 ▶ Fさん（大学2回生）のレスポンスシート

2017年4月12日（水）・実施

コース導入講義（02）　レスポンスシート

学籍番号	氏名（ふりがな）

1. 今回のコースおよび講師

コース：＿＿＿＿＿＿＿＿＿＿コース

講師：＿＿＿＿＿＿＿＿＿先生

2. 今回の講義の要旨（箇条書きする）

・世界の金融危機から日本の金融にあたえる映響はとても大きい。

・バブル崩壊後の日本の企業の株価の上がり具合と、アメリカの企業の上が得具合は アメリカの方が良い。

・アベノミクス入によるマイナス金利で、都市部の住宅価格の高騰。

・マイナス金利で、銀行に預金しなくなる人が増加したことで、銀行が正常に機能しなくなる。

3. 今回の講義で印象に残ったこと

・マイナス金利で銀行にお金を預金せずに、自宅にお金を置いとくのは、とてもリスクが
あり、金庫を買う人が増えるので、マイナス金利は、私たちは良くないけど、金庫を売る人
にとっては、とても儲ることになったので、金融に何かしらの映響が出れば、得する人、損する人
の特徴が等に出るので、金融はとてもおもしろいと思った。

4. 今回の講義に関連して知りたいこと

・マイナス金利で、良い影響を受ける人、悪い映響を受ける人がいます。基本的に銀行には
悪影響であり、観光業界などには、良い影響を受けます。このように金融に何かしらの
映響が出れば、良い影響を受けたり、悪い影響を受けたり、金融と企業は親密な関係で
あるので、次は、円安・円高の関係で、企業などにどんな影響が出るのかを関連して知りたい。

★ 4月13日（木）16：40までに教務課レポート投函BOXに提出のこと。

72

2017年7月12日（水）実施

コース導入講義（02）　レスポンスシート

学籍番号	氏名（ふりがな）

1. 今回のコースおよび講師

コース：＿＿＿＿＿＿＿＿コース

講師：＿＿＿＿＿＿＿＿先生

2. 今回の講義の要旨（箇条書きする）

- なぜ、経済学を学ぶのかは、経済問題を理解し、その解決方法を見つける。
- どのような人にも平等に与えられているのは「時間」1日24時間与えられて、その中でどれだけ自分の満足を最大にしていくか。
- ミクロの本質は自分たちの生活の大きな助けになる存在である。
- 数ある情報の中から正しい情報を選ぶリテラシー能力を身に付け、情報を理解し、分かった上で、使用しなければならない。
- ミクロ経済学は個人のレベル、マクロ経済学は国レベルと規模が圧倒的に違う。
- 経済全体でのお金、所得の動きを考えて、自分はこう動くと決めなければいけない。
- 具体的に言うと、ミクロはどうしたら、もっと幸せになるか、会社の利益が上がるか、マクロはどうすれば国が豊かになるかなどである。
- 経済成長率のグラフを見ると、やはり「高度経済成長」の時はGDPが高いことが自分たちが生きている「失われた20年」とは、はるかに違う。
- グラフを見て分かる通り、GDPの影響を就職率はもろに受けている。
- 物が売れなくなると物価が下がる（デフレ）の状況である。今でもデフレであるので安倍首相は対策としてアベノミクスをしている。
- グラフを見て分かるように経済は一つ一つつながっている。ほぼ似たような形があるので関係性が深いと言える。
- 景気が良いと失業が減る、景気が悪いと失業が増える。

3. 今回の講義で印象に残ったこと

今日の講義で印象に残ったことは、経済の流れを見てグラフを見た時、上がっている時、下がっている時が同じようなグラフがある。具体的に言うと、ある出来事があったから、これが上がって、これが下がるなどです。要するに、経済が一体化になっていることがわかる。例えば、経済成長率のグラフのGDPを見て、就職率のグラフを見ると、やはり、高度経済成長の時は、値が高い。そういった事を見ても分かる通り、経済が一体化になっている事が分かる。ということは、要するにバランスが大事なのである。と、自分は考えた。

マイナス金利の意味は、普通、銀行にお金を預けると利息である金利によって一定の割合で預けたお金が少し増えるのだが、マイナスなので、預けたお金が減っていくということである。

4. 今回の講義に関連して知りたいこと

2年の秋学期でミクロ・マクロのどちらかを取りたいと思っていて参考になったのでよかった。ミクロ・マクロを勉強して行くにあたって経済の分野について、いろいろな動きを理解しておかなければいけない。具体的に言うと、国内総生産（GDP），円安・円高の為替市場、就職率など、をしっかりとチェックしておかなければならないと思った。なぜなら、経済の分野について理解しておけば、グラフをいくつか見せられても、例えば、「Aがこうなっているから Bのグラフは右上がりだけど、Cは右下がりになっている」と説明できるし、この時点で他の生徒と差がつくと思うからです。なので、国内総生産（GDP）や円安，円高の為替市場の動き、就職率などの経済の分野のこれからの動向などをくわしく知りたいです。

★ 7月13日（木）16：40までに教務課レポート投函BOXに提出のこと。

バックに入れてたら少し破れてしまいました。
すみません。

図1-7 ▶ Gさん（大学2回生）のレスポンスシート

2017年4月26日（水）実施

コース導入講義（02）　レスポンスシート

学籍番号	氏名（ふりがな）

1. 今回のコースおよび講師

コース：＿＿＿＿＿＿＿＿＿コース

講師：＿＿＿＿＿＿＿＿先生

2. 今回の講義の要旨（箇条書きする）

労働経済学＝仕事の経済学

NEETについて。

人的資本

スーパースターの経済学

英語ができたら得なのか。

3. 今回の講義で印象に残ったこと

NEETの意味が自分の考えている事と違うかった事。

英語が出来る事により、年収などが増えるのは分かっていたが、パーセンテージが

はっきりでていて、こんなにも差があるんだ、など思った。

スーパースター現象があらわれる理由について理解できた。

4. 今回の講義に関連して知りたいこと

アニメ製作現場の労働について教えてもらいましたが、

他の仕事と比べて、良い面悪い面それぞれあると思うのでそれに

ついて知りたいです。

★4月27日（木）16：40までに教務課レポート投函BOXに提出のこと。

2017 年 7 月 5 日（水）実施

コース導入講義（02）　レスポンスシート

学籍番号	氏名（ふりがな）

1. 今回のコースおよび講師

コース：＿＿＿＿＿＿＿＿コース

講師：＿＿＿＿＿＿先生

2. 今回の講義の要旨（箇条書きをする）

・ディベートについて学んだ。

・ディベートとはある社会問題について賛成派と反対派に分かれ、どちらの議論が優れているか競う言論ゲーム。

・形式は、立論⇒質疑応答⇒結論。

・どちらが優れていたかは審判が判定基準に従って採点し、その合計点で勝敗が決まります。

3. 今回の講義で印象に残ったこと

ディベート甲子園 高校生大会というビデオを見ました。
その中で、お互い意見を言っている中、
女の子達側が男の子が話しをしていると中心、話をとめて
次に進んでいたのがすごく印象深いでた。

4. 今回の講義に関連して知りたいこと

ディベートとは1つのお題に対して是か非かを決めますが、
グループディスカッションも同じような感じがします。
どう違うのか気になりました。

★ 7月6日（木）16：40までに教務課レポート投函BOXに提出のこと。

図 1-8 ▶ H さんのレスポンスシートの追跡

2016 年 6 月 12 日 (日) 実施

事前講義　レスポンスシート

				高等学校	
ふりがな				性別	
氏名					

1. 作業

　　調べる年: 2015　年

月	1	2	3	4	5	6
ML 条件	15.9	53.7	19.6	9.9	22.3	9.9
月	7	8	9	10	11	12
ML 条件	26.3	186	4.1	35	4.4	12.3

2. 今回のまとめ

経済は世界を通じて動いていると分かりました。だからどこかの国でトラブルなどが起こるとそれは世界中にも影響してしまいます。客が物を買い、店の人は商品をもたらすことが記録されていると知りました。そしてそれを割り付けると為替というものが発生します。日本では円、アメリカではドルのようにお互いの塩の価値も違います。そしてその為替レートは1ポンド1分単位で整わっています。だからどのタイミングで物を買うかが重要になっていきます。

3. 今回の話を通じて考えたいこと

今日初めてこの講義に参加して、経済のことをたくさん学べました。こんなにも世間は世界と繋がっているとは知りませんでした。という訳でこの授業を通して為替レートのことについてもよく分かりました。テレビなとより面白い人生が話のこと。円高、円安の話が出れているのを見て前はよく分からなかったが、多分あように今日話を聞いたりして理解できました。だから今まで以上に世の中の写るすることで。などにくわしくついて考えていきます。今の日本の経済状況はあまりよくなこれらのことを学んでよりよい経済がつくれたらよいと思いました。また、不況なのはなぜなのかとか、なぜそのような問題が発生したのか敏感に反応して、それらを解消していけたらよいと考えています。

2018 年 6 月 27 日（水）実施

コース導入講義（02）　　レスポンスシート

学籍番号	氏名（ふりがな）

1. 今回のコースおよび講師
コース：＿＿＿＿＿＿＿＿＿＿コース
講師：＿＿＿＿＿＿＿＿先生

2. 今回の講義の要旨（箇条書きする）
・日本経済新聞は企業側から見た視点で書かれていて、また記事の信頼度も高い。
・数式とグラフは難しいものごとを分かりやすく考えるための道具である。
・数式というのはその問題の文章をすっきりとさせたものである。
・経済学でのグラフは双方を見比べることによって結果は変化する。
・経済学での関数というのは一方が決まると もう一方も決まるといったものである。
・記号というのは様々なことに対して意味づけされた文字である。
・言葉の意味は使う時々によって違ってくるのでその事柄に合った意味で理解しないといけな

3. 今回の講義で印象に残ったこと
　　　先生は数学やグラフは分かりやすくする道具といい、様々な事例を用いて述べていた。
しかしそれらは生て物事も簡略化することでもあった。確かに数学や記号などを用いると文章を
分かりやすくするものではあるが その他にも簡略化する理由はある。その数字や記号を用いて結局どう考える
ということを　　先生は動かなかった。経済学で使う数学の意味はきっとあると思う。

4. 今回の講義に関連して知りたいこと
経済学の数学と言えば比較や簡略化のために使われることが多いが それ以外にも使われる
気がしたい。例えば野球で言えば「ビッグデータベースボール」で、打率や本塁打などの数を
調べることで勝敗が分かると言ったものがある。この他にも私たちの身近なもので数学で表
せるはずない 経済学を通して考えて いくことにする。

★ 6 月 28 日（木）16：40 までに教務課レポート投函 BOX に提出のこと。

図1-9 ▶ Ｉさんのレスポンスシートの追跡

2016 年 6 月 18 日 (土) 実施

事前講義　レスポンスシート

		高等学校
ふりがな		性別
氏名		

1. 作業

年	2006	2007	2008	2009	2010
欠員率	3.52	3.03	2.55	1.77	1.90
雇用失業率	4.12	3.84	3.97	5.05	5.03
年	2011	2012	2013	2014	2015
欠員率	2.32	2.72	2.98	3.21	3.36
雇用失業率	4.58	4.34	4.03	3.58	3.36

2. 今回のまとめ

景気は10年に1度の周期である事がUV曲線をみるとわかる。
景気が良い時 (バブル・いざなみ) 悪い時 (第一次平成不況・世界金融不況)
景気は良くなれば必ず悪くなり、バブル景気の後はフィリピン、韓国、ロシ
などのアジアが頑たん。その後1974年以来のマイナス成長でリストラが横行、
そしてリストラ再横行、からその景気、2008年派遣切りの横行。

3. 今回の話を通じて考えたいこと

正社員と派遣では月10万円のお給料の差がある。
正規雇用、非正規雇用、メリットとデメリットが数多くある中
私は優かくについて正しい、良い選択をしたい。
試算し、図にまとめ、特徴をとらえ、上手に働く。

今日は初めてです。ありがとうございました。　── よく取り組んでいるので、
この調子でがんばって。

あくまで「個人」
という視点

78

2018年6月27日（水）実施

コース導入講義（02）　レスポンスシート

学籍番号	氏名（ふりがな）

1. 今回のコースおよび講師

コース：＿＿＿＿＿＿＿＿＿＿＿コース

講師：＿＿＿＿＿＿＿＿＿＿＿先生

2. 今回の講義の要旨（箇条書きする）

● 数字とグラフは道具 — 数式やグラフは何かを分かりやすくするもの

　　　　　"何が"が難しいのである

● 関数 という考え方 — ある数が決まった時、別の数が決まる関係 ＝抽象化

　言葉よりグラフや数式の表現が分かりやすい ＝ 自分で記号を確認するべき

● 折れ線やグラフの読み方

● 情報入手に便利な道具

3. 今回の講義で印象に残ったこと

● 講義というより前半子のお話になるが、桃山では色んな情報や経済についての情報入手の手段がたくさんあるということ。多分学生の7割くらいの人が便利な情報を使えていなさそう。（推測）大学は自分次第だとつくづく感じる。

● 経済がグラフや数式だらけなのは、難しいことを分かりやすくするためだと改めて知った。なので数式を確認し、使いこなせると本当に便利なのだと思った。数式を使って色んなものが見えるそうだ。

4. 今回の講義に関連して知りたいこと

● 講義の後半で、数字が元々得意より苦手の人の方が伸びると言っていた。私は中学、高校の数学のテストが60点というほど得意だったので、何故か不利に感じた。ゼミなどでも数学をする教授がたくさん居ると知っているので少し心配になった。経済を選んだ理由の一つなので、数字を使うことが多いが、やはり大学の授業の数学は難しい。そこでこれから先、私に数字が必要なのか知りたい。知らないことを知るとこはおもしろいけれど、計算や数式が本当に役立つのか。

　★6月28日（木）16:40までに教務課レポート投函BOXに提出のこと。

学生・生徒に文章を書かせ続ける仕掛け
～ルーブリック評価を中心に～

はじめに

　前章では、私が実際の講義・授業で使用しているシートの作成例から、記入した学生・生徒の「学ぶ姿勢は習慣づけられているか？」「モチベーションは維持できているか？」といった、定期試験や満足度調査などでの把握が難しい事項を読み取れる可能性について検討してきた。

　大学のさまざまな講義・演習において、定期的にミニッツペーパーなどの文章を受講生に書かせる実践が増えてきた。その目的はさまざまだが、講義の終盤になるほど、受講生の書く文章量が目立って減る現象に遭遇した経験のある教員は意外と多いと思われる。その要因の１つが学生の記述内容と成績が連動されていない、あるいは連動していてもそれが学生に周知されていないことである。どれだけ記述しても、《書いても書かなくても成績評価は変わらない》と受講生に認知されてしまえば、一気に文章量が減るのは必然である。その意味で、「書く」活動が講義中に挿入されていても、それが内実の伴った上で持続できなければ AL とは言わないだろう。

　近年、教育実践を支援するさまざまな手段が精力的に開発されているが、教育活動において書くことの重要性は昔も今も変

わらない。理想は学生・生徒の興味を持続させるような授業設計をし、それに寄り添うように「書く」活動を挿入できることである。だが、それを 1 つの講義ですべて完結させるのは極めて難しい。カリキュラムの設計段階において書くことを意識させる科目群を配置し、そこで得たスキルを活かすような（上位の）科目群を配置するなどの工夫が必要であろう。とはいえ、大幅なカリキュラム改革が実現しにくければ各教員が個別に実践していくしかないが、それを持続させるためには（残念ながら）記述と成績を厳格に結びつけざるを得ない。ある程度の強制力がなければ、中堅私学に通うボリュームゾーンに「書く」活動の癖をつけることは難しい。それを実践する手段の 1 つがルーブリック評価である。そこで本章では、前章で紹介したシートを評価する際に私が使用したルーブリックについて、自身の経験を踏まえながら作成のコツや運用上の注意事項などについて整理したい[1]。

ルーブリック作成のコツ

ルーブリックの文字通りの意味は、「色を付けるための赤土」「赤チョーク」といった赤を連想させるものである（教員が採点に赤ペンを用いることもその名残りかもしれない）。ダ

1 ▶ 本章は、中村勝之「『インテグレーション科目』における「ルーブリック」評価を用いた講義実践報告」『教職課程年報』第 12 号、2017 年、pp.57-62、をもとに大幅な加筆・訂正を行ったものである。また、田宮憲「ルーブリックの意義とその導入・活用」『高等教育開発センターフォーラム』第 1 号、2014 年、pp.125-135、は私と同様、教育学者ではない者がルーブリックを作成・使用した実践報告である。

ネル＝スティーブンスとアントニア＝レヴィ（佐藤浩章ほか）[2]
の言葉を借りれば、教育現場におけるルーブリックとは「ある
課題について、できるようになってもらいたい特定の事柄を配
置するための道具」（スティーブンス・レヴィ、p.3、佐藤ほか、
p.2）である。とはいえ、いざルーブリックを作成するとなる
と、どこから手をつけたらいいのか見当もつかないだろう。そ
こで、スティーブンス・レヴィ（佐藤ほか）および西岡加名恵
と田中耕治[3]をもとに、その作成手続きをまとめてみた（表2
－1）[4]。なお、ルーブリック作成にあたっては、大学において
作成・公開が義務づけられている**シラバス**（授業概要や成績評
価基準などを示したもの）と連動させておくことが重要である。
なぜなら、シラバスの内容とルーブリックの内容がずれていた
ら、両者の妥当性・信頼性・説得性が失われてしまうからであ
る。そこで、以下では図2－1の（本学で使用される）シラバ
スのサンプルも参照しながら、表2－1左側の作成手順につい
て見てみよう。

　大学の教育現場においてはカリキュラム上の制約を守りさえ
すれば、個別具体的な講義設計は各教員に一任されている。そ

---

2 ▶ Stevens, D. D. and A. J. Levi, "Introduction to RUBRICS (2nd Ed.)" Stylus Publishing, 2013.（佐藤浩章（監訳）『大学教員のためのルーブリック評価入門』玉川大学出版会、2014年）
3 ▶ 西岡加名恵・田中耕治（編著）『「活用する力」を育てる授業と評価　パフォーマンス課題とルーブリックの提案』学事出版、2009年。
4 ▶ 西岡・田中、同上書では中学校におけるルーブリック評価およびその実践を中心に述べているが、高校の教育現場においても有用であろう。事実、2014年度よりSGHの指定を受けた高校において、成績評価にルーブリックを用いることが要請されている。

表2-1 ▶ ルーブリック作成手続き

大学	中学校・高等学校
○振り返り	○教科全体を貫く包括的な「本質的な問い」の設定
・その課題を設定した理由はなぜか？ ・同じもしくは類似問題を出したことはあるか？ ・他の内容とどう関連するか？ ・課題をこなすために学生が持つべきスキルは何か？ ・学生に求める具体的活動とは何か？ ・課題に対して学生はどのように証拠を示せばいいか？ ・学生に期待する最高の水準はどの程度か？ ・最低の提出物とはどんなものか？	『学習指導要領』から導き出される事項を明文化。
○学習目標リストの作成	○領域・分野・単元ごとの「本質的な問い」の設定
課題等を通じて学生に身につけてほしい事項をリストアップ。	『学習指導要領』から導き出される事項を明文化。
○グループ化と見出しつけ	○「パフォーマンス課題」の設定
学習目標間の共通項を見出し、それに名前を付ける。	「本質的な問い」を具現化する課題の設計。
○ルーブリック作成	○長期的ルーブリック作成による管理
評価軸に対する評価基準および点数配分を定めて、表形式にまとめる。	「1年後（教科学習を通じて）どんな生徒になってほしいか？」ということを念頭に評価軸および評価基準を設定。

資料：Stevens, D. D. and A. J. Levi, "Introduction to RUBRICS (2nd Ed.)" Stylus Publishing, 2013. および西岡加名恵・田中耕治（編著）『「活用する力」を育てる授業と評価　パフォーマンス課題とルーブリックの提案』学事出版、2009年より抜粋。

の意味で、高等教育におけるルーブリックの内容なども教員ごとにさまざまなスタイルが考えられる。一般に、ルーブリックを作成する際には表にある4つの段階を踏めばいいとされる[5]。その第1段階が**振り返り**である。これは、過去の講義実践などで明らかになった課題や、担当科目の位置づけなどを確認する作業である。その際、今ではどこの大学でも実施される「授業

---

5 ▶ キャサリン＝バークは、学習成果のパフォーマンスを統一的に計測するという観点から、ルーブリック作成の6つの段階（数値化可能な目標設定・本質的問いの設定・教員チェックリスト作成・パフォーマンススキルの設定・生徒のチェックリスト開発・ルーブリック作成）を提示している。Burke, K., "From Standards to Rubrics in Six Steps: Tools for Assessing Student Learning (3rd Ed)" CORWIN, 2011.

評価アンケート」の結果も参考になるかもしれない。この検証結果は、主にシラバス上の【講義・演習概要】【学習目標】【授業形態】に反映されるだろう。ここが固まれば、次に学生に身につけて欲しいスキルなどを列挙する。これが第２段階の**学習目標リスト**の作成である。これは厳密にはシラバス上の【学習目標】に該当するだろうが、第１段階で固めた内容を具体的な授業実践にどう落とし込むかという観点からは【講義・演習計画】に、すなわち毎回の講義テーマに反映させた方がいいだろう。第３段階は、学習目標リスト間に通底する共通項を見出してそれに命名する**グループ化と見出しつけ**である。既に第２段階において毎回の講義テーマという形で学習目標はリスト化されている。そこから共通項を見つけてレポートなどでの評価軸とすればいい。そして、それは４〜７個程度設定すると実際の採点業務上、効率的である。最後の第４段階は**ルーブリック作成**で、第３段階で設定した各評価軸に対して評価基準および点数配分を設定して表の形にまとめる。その際、３〜５段階に評価基準を設定すると採点業務は効率よく行えるし、得点分布もより細かくすることができる。最終的にルーブリック評価をどの程度成績評価に反映させるかを決めるといい。

中等教育におけるルーブリック

　ところが、中学校および高等学校の現場でルーブリックを用いた授業計画の策定・実践をする際は事情が異なる。各教科における学習目標・領域・単元などは『学習指導要領』（以下、

図2−1 ▶ シラバスサンプル

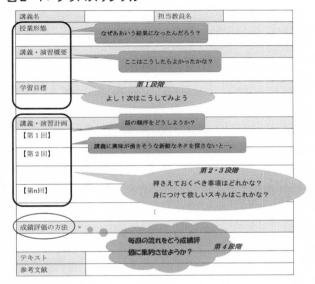

『要領』と略記）で定められており、実際の授業で使用する教
科書や資料なども指定されている。それらの前提を踏まえて、
表2−1右側のように第1段階では**教科全体を貫く包括的な「本
質的な問い」の設定**を行う。次いで第2段階では、**領域・単元
ごとの「本質的な問い」の設定**を行う[6]。ここまでは『要領』の
内容に沿った形で設定すればいいので、それほど難しい作業で
はないだろう。ところが、第2段階の内容を具体的な教育実践

に落とし込もうとすると途端に困難に直面する。いくらもっともらしい「問い」を発したとしても、従来の教育実践のままだとそれが実質的な意味を持たなくなるからである。つまり、ここまでで設定した「問い」を具現化するには、ALに代表される、これまでにない教育手法を必然的に導入しなければならないことを意味する。とはいえ、その成果は定期試験（ここにはノート提出に代表されるいわゆる平常点も含まれよう）のみで判断できるものではないし、これまでにない複眼的視野で生徒を評価する必要が出てくる。それが、第3段階にあたる「本質的な問い」を具現化する**パフォーマンス課題の設定**である。この設定によって従前の定期試験などとは異なる評価軸が明らかにできるから、それを集約する形で第4段階の**長期ルーブリックの作成**に繋がる。

　こうしたことが指摘される背景には、次のような事情があった。OECD（経済協力開発機構）が加盟国の生徒・児童対象に実施している「国際学習到達度調査（PISA）」において、日本の生徒・児童の成績が芳しくなかったことが衝撃的に受け止められた（専門家の間では**PISAショック**と言われる）。当時の中等（および初頭）教育では**ゆとり教育**が実践されており、PISAの結果は文科省をして、脱ゆとりに向けて舵を切らしめることになった。その方向とは、各教科における学力を取り戻

6▶おそらく、これらは相互に独立せず何らかの結びつきがあるだろう。西岡・田中、前掲書では「本質的な問い」における領域・単元間の相互関連性を**入れ子構造**とよんでいる。

すとともに、生徒・児童の論理力や思考力を同時に鍛えることである[7]。この結果、文科省は最新の『要領』において学力を、(1) 知識・技能、(2) 思考力・判断力・表現力等、(3) 人間性、の３つで構成（いわゆる**学力の３要素**）されると定義することになった。そして、これらを実現する教育手法として、AL の別表現と言われる**主体的・対話的で深い学び**の義務化という流れになっている。

高等教育における3つのポリシー

上で述べたように、初等および中等教育では教科の目的から領域、単元構成までほぼすべて『要領』で網羅されているから、それを学力の３要素に沿う形でどうパフォーマンス課題として設定して、教育実践にどう落とし込むかが難しい。すなわち、「目的→実践」の作業とそれを通じたルーブリック作成が最も困難な課題だと言える。では、高等教育においてはどこの作業が困難を伴うのか。話は逸れるが、ここでは大学のカリキュラム体系、およびこれに関連する３つのポリシーについて図2-2を参照しながら確認しておこう。

大学で開講される授業の形態には、**講義**（座学中心の授業）・**演習**（少人数授業で AL の役割を本来的に担う）・**実習**

---

7 ▶ 中央教育審議会「幼稚園、小学校、中学校、高等学校及び特別支援学校の学習指導要領等の改善について」文部科学省、2008年。
　それに先立つ 2007 年に学校教育法が改正され、学力の重要な３つの要素として、(1) 基礎的・基本的な知識・技能、(2) 知識・技能を活用して課題を解決するために必要な思考力・判断力・表現力等、(3) 主体的に学修に取り組む姿勢、と定めた（第30条2項）。

図2-2 ▶ 大学のカリキュラム体系

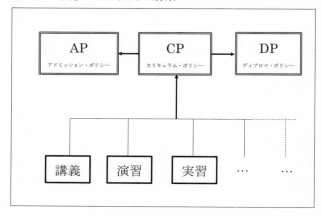

（実作業を伴う授業）がある。一方、本学部における授業内容を大別すると、数学的手法を駆使したアプローチ、統計的手法を駆使したアプローチ、歴史的史料や古典を紐解くアプローチ、そして現地へ実際に赴くアプローチなどがある。各教員は、自分の専門領域とするアプローチを上記３つの授業形態に沿った形で授業を設計する。これまでは授業のほぼすべて各教員の裁量に任されていたが、近年では授業を通じて学生たちにどんなスキルを身につけさせようとするのか、すなわち授業の（教育上の）目的を明示しなければならなくなった。つまり、初等および中等教育とは逆に「実践→目的」と後付け的に授業の目的を設定しなければならず、この作業が一番困難を伴う。とはい

え、特定手法によるアプローチ自体は各授業で明確になってい
るから、それを学生が身につけるべきスキルの形に仕立て直し
た上で、どう教えるのかという観点でまとめて行けばいい。こ
れによって、学部においてどういったカリキュラムを組んで教
育するのかという大方針を示す**カリキュラム・ポリシー**（以下、
CP と略記）が完成する。CP は学問分野、すなわち学部が違え
ば内容も異なるのは当然だが、同じ学部でも教員編成によって
も異なりえる。同じ専門領域とはいえ、教員の得意分野は厳密
に異なるからである。その意味で、CP は各大学独自に示され
るものである。

　各学部の教育方針である CP が明らかになれば、次に教育課
程を経てどんなスキルが身についたのか、その基準を示さなけ
ればならない。それを明らかにすることで、卒業の要件とする
ディプロマ・ポリシー（以下、DP と略記）が明確になる。そ
れと同時に、CP に準じた教育課程を首尾よく受けるために受
験生がどんな資質を備えておくべきか、もって入学のための条
件とする**アドミッション・ポリシー**（以下、AP と略記）も明
確になる[8,9]。

　上の説明では高等教育における 3 つのポリシーのうち CP を
最初に確定させ、そこからの派生で AP および DP が策定され
ると述べてきた。だが、実際の策定過程はそうなっていない。

　たとえば、吉村宰がまとめているように、3 つのポリシーは

---

[8] ▶ なお、最近では AP、CP および DP の関連づけ、および大学における評価方針を
学生などに周知する**アセスメント・ポリシー**も強調されている。

DP ⇒ CP ⇒ AP の順番で策定すればいいとされる[10]。大学創設
にあたっては教育の目的や理念が明示されるのが普通である。
いわゆる建学の精神である。DP は建学の精神を同時代におい
て要請される人間像に投影する形で策定される。これを実現す
るためにどんな教育課程が望ましいのか、その大方針を示すの
が CP であり、それを通じて具体的なカリキュラム体系が構築
される。その体系のもとでスムーズに学習するにはどんな学生
が望まれるのか、その姿を示すのが AP だというものである。

　吉村が検討した事例は新設学部における 3 つのポリシーにつ
いてであり、これについては DP ⇒ CP ⇒ AP という策定の流
れは合理性がある。だが、創立からある程度時間の経過した既
存学部において、この流れで各ポリシーを策定するのは極めて
難しい。建学の精神は創立時点の時代状況を反映したものであ
るが、それと今の状況は完全に一致するのか？ 異なるならば、
具体的にどの部分がどう変化したのか？ 共通する部分がある
としたらそれはどこか？ ここの認識が一致しなければ、実行
可能な DP の策定はほぼ不可能である。これを何の考慮もなく

9 ▶ 齋藤朗宏は、経済学部のある国公私立大学の AP の内容に関するテキストマイニ
ングを行い、国立と公私立で入試段階において受験生に期待するスキルに質的差異
があることを見出している。齋藤朗宏「各大学経済学部におけるアドミッション・ポ
リシーのテキストマイニングによる分析」『大学入試研究ジャーナル』第 23 号、2013
年、pp.171-178。また、彼はテキストマイニングを利用して AP、CP および DP の関
連性について検証している。その中で、CP と DP における内容の関連度が高い大学
が多い反面、AP と DP の関連度の高い大学がごく一部にとどまっていることを指摘
している。齋藤朗宏「アドミッション・ポリシーとディプロマ・ポリシーの関連性に
関する分析」『大学入試研究ジャーナル』第 26 号、2016 年、pp.73-79。
10 ▶ 吉村宰「アドミッション・ポリシーに基づく個別大学の入試設計のあり方につ
いて」『大学入試研究ジャーナル』第 26 号、2016 年、pp.81-88。

策定・実行すれば教育現場が大混乱に陥るか、美辞麗句を並べ
るか、このいずれかになるだろう。今後、高等教育に対する目
がますます肥えてくる中にあって、内実の伴わない3つのポリ
シーは大学に対する不信感を抱かせ、結果として大学のブラン
ド力低下につながる恐れがある。

　その意味で、これまで説明したように、CP を核にした方が
より実行可能な各ポリシーの策定ができるようになる。それを
各講義の実践レベルに落とし込む際には、CP にもとづいて定
めた DP との整合性に配慮しながら授業デザインをすればいい
し、それに沿った形でルーブリックを作成すればいい。

ルーブリック評価軸および評価基準の具体例

　大学の授業は原則的に半年ないしは1年を時間的区切りにし
て開講される[11]。その意味では、これまでの説明は、高等教育
におけるルーブリック評価とは中等教育と同様に長期ルーブ
リックによるものだと考えることができる。しかし、授業を通
じて学生に身につけさせるスキルが反復トレーニングを伴うも
のであれば、開講期間を通じた評価軸から毎回の授業時間にお
ける評価軸に時間視野を短くすることができる。こうして、授
業ごとに行う作業に対するルーブリックとしての**短期ルーブ
リック**が形成される。私が使用しているルーブリックもこれに
該当する。そこで、以下では私が実際に使用しているルーブ

---

11 ▶ 近年では2か月弱で15回講義を行うクォーター制という開講区分も出てきてい
る。

リックを紹介するとともに、それを使用した実践上の留意事項などについて指摘する。

　私がルーブリック評価を実践した授業は、前章で紹介したシートを活用したもの、すなわちSGH、事前講義および導入講義である。これらの共通項は講義内容が一話で完結するものであり、過去の講義を聞かなければ太刀打ちできない内容にはなっていないことである。無論、熟慮すればその中で通底する学習目標は見出せたであろう。しかし、SGHと事前講義は高校生が受講対象だから、学問の体系性を本格的に教授するには予備知識が少なすぎる。一方、導入講義では本学の専任教員が入れ替わり立ち替わり自分の専門領域をフリーに語るから、内容面での共通項が見出しにくい。そこで、高校生に対しては「大学入学以降も必要になる基本スキルは何か？」、本学の学生に対しては「実社会に出たときにも必要になる基本スキルは何か？」という観点で考えた結果、私はこれらの講義の目的を「学生・生徒の〈聞く〉〈メモを取る〉〈まとめる〉という３つのスキルを養成する」と設定した。これが表2－1左側の第１段階にあたる。

　これを踏まえて、第２段階の学習目標リストの策定を行った。これについては前章の冒頭で示したこと、すなわち、
①この講義でどんな話をしていたか？
②この講義でどこが印象に残ったか？
③この講義からイメージを膨らませてみると……？
を主要な学習目標リストとした。一話完結の内容で〈聞く〉

〈メモを取る〉〈まとめる〉作業を短い期間で完成させることを
考えれば、このリストの内容で妥当だろう。これに加えて、
シート作成に対する基本姿勢を確認する目的で、
④漢字・文法等が正しく使いこなせているか？
⑤ていねいなシート作成を意識しているか？
も目標リストに加えた。④は文字を使って意思疎通を行う上で
の基本スキルであるし、⑤については読み手を意識して書いて
いるかどうかをある程度判断できる項目である。なお、事前講
義については、提示されたデータを加工しグラフ作成する作業
も伴うため、
⑥指示された計算を手際よくかつ正確にできているか？
⑦グラフを明瞭かつていねいに作成できているか？
も目標リストに加えた。

　以上の学習目標リストをもとに、第３段階に準じて上記番号
順に、①**要約**、②**感度**、③**想像力**、④**日本語**、⑤**体裁**、という
見出しで評価軸にした[12]。これに配点を加味して完成したのが、
表２−２のルーブリックである。これを見ると、たとえば、①
要約については「手際よくまとめる」ことを基準に３段階に評
価を区分し、最もいいものに２点、悪いものに０点、その中間

---

12 ▶ 導入講義に関しては、講義３回につき１回のペースでレポートも提出させている。
その文量は原稿用紙換算10枚程度と多めに設定しているが、手書きでの作成を義務
づけている。この理由は日本語を操る能力を鍛えるためと、レポート作成のていね
いさを観察するためである。もちろん、これについてもルーブリック評価で採点して
いる。紙幅の都合で本章での掲載は省略するが、５つの評価軸（要約・比較考察・
参考文献・日本語・体裁）を設定し、４・２・０の点数配分によって20点満点にしてい
る。

表2-2▶ルーブリックサンプル(その1)

「レスポンスシート(10点満点)ルーブリック」

	すんげ〜！(2点)	まあまあ…(1点)	…残念！(0点)
① 要約	ゲスト講師の話を手際よくまとめている。	手際がいいとは言えないが、ゲスト講師の話をまとめている。	ゲスト講師の話を十分まとめていない。
② 態度	ゲスト講師のメッセージをうまく感じ取って、具体的に文章にまとめている。	ゲスト講師のメッセージを感じ取ってはいるが、文章が漠然としている。	ゲスト講師のメッセージをうまく感じ取れていない。
③ 想像力	ゲスト講師の話から想像をめぐらし、具体的に記述できている。	ゲスト講師の話からある程度想像できているが、記述の具体性に欠ける。	想像力に乏しい記述である。
④ 日本語	漢字など文法上の誤りがない。	漢字など文法上の誤りが5個未満である。	漢字などの文法上の誤りが5個以上である。
⑤ 体裁	丁寧なシート作成ができている。	・判読が難しい部分が見受けられるシートである。 ・記入するべき事項が抜けている。	「他人が読む」ことを意識できていないシートである。

10点満点中 _____点

を1点と点数配分している。この点数配分が5つの評価軸すべてにわたって網羅されているから、一番よく書かれたシートには10点が与えられる構造になっている[13]。①〜③についての実際の評価は記述内容を最も重視しているが、とりわけ①については、少々ポイントがずれていてもたくさんの文章が書かれていたら高い評価をするという運用をしている。これが前章の作成例でたくさん文章が書かれていた要因の1つである。なお、継続的にたくさんの文章が書けるようになったら、今度は文章量を削ってエッセンスを抽出させるように個別に指導している。

表2-2はSGHおよび導入講義で使用されたが、事前講義は先述の通り作業を伴う事情から、上記リストから少し改変・集約した。それが表2-3で、①**計算**、②**作図**、③**要約**、④**感度**、⑤**メモ**、⑥**漢字・文法**、という見出しで評価軸とした。これを見ると、たとえば①計算については半分以上正解していることをボーダーにして全問正解4点、半分以上不正解を1点、その中間に正解割合に応じて2〜3点と点数配分している。こうして6つの評価軸すべてに評価基準を定め、一番よく書かれた

---

13 ▶ この形式を**説明式ルーブリック**という。もう1つ代表的なものが、評価軸に対してどの程度到達できたかを印だけをつけるスタイルの**チェック式ルーブリック**もある。Suskie, L. "Assessing Student Learning : a common sense guide (2nd Ed)" John Wiley & Sons, Inc, 2009.（齋藤聖子（訳）『学生の学びを測る―アセスメント・ガイドブック―』玉川大学出版部、2015年）。

別なルーブリック形式として、各評価軸に対して最高点を与える基準のみを書き、それ以外はそうなった理由についてコメントと点数を書き込むものもある（スティーブンス・レヴィ（佐藤ほか）、前掲書）。この形式だと最良の基準（および最高得点）だけを考えればよく、ルーブリック作成自体は楽である。しかし、それ以外はすべて手書きで理由を書き込まなければならないという点で採点業務は煩雑になる。とはいえ、中間に位置する基準は（実際は広くても）曖昧な表現にならざるを得ないが、どこが課題なのかを各受講生に具体的に明示できる点では有用とも言える。

表 2-3 ▶ ルーブリックサンプル（その 2）

事前講義 ルーブリック

氏名：＿＿＿＿＿＿＿＿

	完璧！（4 点）	おしい！（3 点）	まあまあ（2 点）	頑張ろうか（1 点）
① 計算	・全問正解	・8 割程度正解	・5 割程度正解	・5 割未満正解
② 作図	・美しい！	・もう半ひねり	・もう一ひねり	・まだまだだね
③ 要約	・コンパクトにまとめられている	・もう半押し欲しい	・もう一押し欲しい	・ピンボケ
④ 態度	・鋭い！	・想定通り	・いまいち	・すれとこ！
⑤ メモ	・ポイントを押さえている ・分かりやすい	・8 割程度ポイントを押さえている	・6 割程度ポイントを押さえている	・5 割未満ポイントを押さえている
⑥ 漢字・文法	・誤りなし	・漢字ミスが 3 個未満 ・文法ミスが 3 個未満	・漢字ミスが 5 個未満 ・文法ミスが 5 個未満	・漢字ミスが 5 個以上 ・文法ミスが 5 個以上

シートには 24 点が与えられる構造となっている。

シートおよびルーブリック運用上の注意点

　以上のプロセスを経て完成させたルーブリックを、シートとともにどのように運用しているのか。ここではこの点について見ていくことにする。

　SGH および導入講義に関しては、毎回の講義冒頭にシートを配布する。そして、前章でも述べた通り、翌日を期限として所定の方法で回収する[14]。その狙いは少し時間をおくことで頭の中で講義内容が整理され、まとめ作業の精度をより高めることにある。一方、事前講義に関しては、他の講義と同様に毎回の講義冒頭にシートを配布する。そして、これも前章で述べた通り、講義の最終盤 30 分程度を使って要約と考えたいことについて記入させ、その場で回収する。他の講義と回収方法が異なるのは後日確実に提出させる方法を見出せなかったという技術的事情による。このことが他のシートと異なり、書く文章量が少ない結果になったと思われる。

　そして、提出されたシートは表 2-2 ないしは表 2-3 のルーブリックにもとづいて採点される。具体的には、各評価軸の該当する評価基準のマスに赤ペンで丸をつける。そして丸を付けた部分に該当する点数を合計して、SGH および導入講義は 10 点満点、事前講義は 24 点満点で点数化する。すべてのシート

---

14 ▶ ただし、SGH に関しては高校で講義を実施したため、講義の翌日を期限に高校でシートを回収、それを大学にまとめて郵送してもらうようにした。

本体にも必要に応じて赤ペンでコメントを書き加え、導入講義
と SGH については、採点結果が記入されたルーブリックを
シートにホッチキスで止めて、翌回の講義冒頭に返却している。
一方、事前講義に関してはルーブリック評価の結果が選考の参
考として利用されるため、シート返却時にルーブリックを添付
していない[15]。その代わり、シートへのコメントは意識的に多
く書き込むようにしている。

　大学において、ミニッツペーパーなどの文章を書かせる主要
な目的は出席管理にあると思われる。しかし、導入講義では出
席状況把握が厳格に行える訳ではないので、受講生たちを講義
に出席させる動機づけの１つとして、ルーブリックを経て計算
された得点によって出席点にすると彼らに伝えている。もし、
シートが学習目標到達度を測るツール以外に出席管理ツールと
しても活用するのであれば、講義時間外に（学生間で）コピー
などでシートが流通されることを避けなければならない。そこ
で、導入講義のシートは毎回色の異なる上質紙で印刷して流用
を回避している。なお、SGH と事前講義については授業の段
階で出席管理しているから、受講する生徒の出席状況の把握に
神経をとがらせる必要はなかった。

---

15 ▶ 北海道科学大学の AO 入試では、３回のセミナー（講義・グループディスカッ
ション・実験実習）においてルーブリックによる評価を行い、そのルーブリックを受
講生たちに開示している。なお、セミナー参加者 33 名に対して事後アンケートを
行った結果、すべての参加者が「（ルーブリックの）フィードバックがあってよかっ
た」と回答している。菊池明泰・細川和彦・塚越久美子・碇山恵子・中島寿宏・石田
眞二・林孝一「AO 入試における多面的評価の導入――ルーブリック評価を用いた入試
制度の構築――」『大学入試研究ジャーナル』第 27 号、2017 年、pp.23-28。

ルーブリック評価の効果

　ここまでの話はルーブリック作成の一般的手続きから始まって、その手続きにもとづいたシートの評価手段としてのルーブリックの作成過程、そして、その運用上の注意点について解説してきた。ここでは、ルーブリックを用いたシート評価の効果について見ていくことにする。それは以下の 3 点に集約することができる。

　採点業務の効率化がはかれる：ルーブリック作成は意外と考慮しなければならない点が多く、面倒な作業ではある。しかし、ともすれば曖昧になりがちな評価軸を絞り込んで明確にすることにより、それ以外の観点でレポートなどを読み込む必要がなくなる。それを厳格に運用することで採点業務にかかる時間を大幅に短縮できる。実際、前章で紹介したシート程度の文章量であれば、受講者 100 名程度であっても 2 時間半ほどで採点業務を完了することができる。

　シートの記述内容に変化が見られる：前章で作成例を紹介したが、この点はルーブリック評価自体というより、シートおよびルーブリックを同時に返却することによる効果である。先述の通り、シート返却時にルーブリックによる採点結果が添付される。だから、受講生にとっては、《自分の記述でなぜこの点数になったのか？》という情報が開示される。点数が高ければ返却されたシートおよびルーブリックが高得点につながる記述の基準になるし、逆であればルーブリックを通じて改善点が明確になるため、点数上昇に向けた取り組みも容易になる。そし

て、それがシート作成に首尾よく反映されれば教員にも観察可能になり、そこからルーブリックを通じた学生の更なる指導も容易になるだろう。その意味で、ルーブリックは学生の学習活動を促す学習ツールとしても有用なのである[16]。

講義中の緊張感が最後まで持続する：この点も、ルーブリック評価の直接的効果というよりもその返却による副次的効果である。事前講義や導入講義では、講義中における〈聞く〉〈メモを取る〉〈まとめる〉作業がその成果（成績評価や合否判定）に結び付けられているから、私語・寝る・携帯端末に触れるなどの行為はシートの出来栄えに直結し、ルーブリック評価にもとづく点数が低くならざるを得ない。受講生は最悪の結果を回避するため、必然的にシート作成のための取り組みに集中せざるを得なくなる。一瞬でも手を抜けば点数が低くなるような仕掛けがこのルーブリックなのである。

---

16 ▶ この点に着目して、西谷尚徳はルーブリック評価についてレビューするとともに、自身もルーブリックを用いた授業実践を行っている。西谷尚徳「〈実践報告〉文章力養成のためのルーブリック活用の教育的意義の検討−授業実践から見る教育手法−」『京都大学高等教育研究』第23号、2017年、pp.25-35.

　一方、鈴木雅之は中学2年生101名を対象にした数学の実験授業を行い、その中でテスト返却の際にルーブリックを添付する場合と答案を添削する場合で被験者である生徒たちの学習に対する認知構造がどう変化するのかを調べた。その結果、ルーブリックを添付された群はされなかった群に比べて、テストが「自身の理解状況を把握し学習改善に活用するためにある」という認知が有意に高まり、数学の学習に対する内発的動機づけが有意に高まった。反面、答案を添削することの認知構造に与える効果は見られなかった。鈴木雅之「ルーブリックの提示による評価基準・評価目的の教示が学習者に及ぼす影響−テスト観・動機づけ・学習方略に着目して−」『教育心理学研究』第59巻第2号、2011年、pp.131-143。

若干の考察

　ここまでの話をまとめておこう。

　開講される各講義・演習の教育上の目的を明確にできていること、これが厳密にできていればルーブリックによるレポートなどの評価軸の絞り込みは容易である。それを忠実に実行に移せば、(1) 採点業務の効率化、(2) 受講生の受講態度の良化、(3) 静粛な雰囲気での講義進行、という教員側のメリットを享受できるのと同時に、前章の検討結果を踏まえると、学生・生徒の学ぶ意欲なども観察できる。また、学生側にもルーブリックで意図されたスキルが身につくというメリットを享受できる。とはいえ、上記事項を実現するためのルーブリック作成および運用にはそれなりのハードルがある。

　第 1 に、ルーブリックで設定する評価軸および評価基準は少なくとも講義期間中に変更しないことが望ましい。1 つの講義で評価軸や評価基準が揺れると受講生たちに迷いを生じさせるし、採点業務にも支障をきたすことになるからである。第 2 に、評価軸や評価基準はシンプルな方が望ましい。シンプルであるほど結果に対して強力な説得力が付与されるからである。これは、多様化する高等教育の実践アプローチの中で学生のスキル獲得の程度を計測する際の妥当性・信頼性に関連するポイントである。なお、評価軸および評価基準をシンプルにするほど他の講義などへの転用も容易になるという意味で、ルーブリックは汎用性の高いツールとして有力な手段となることも期待できる。第 3 に、作成されたシートはルーブリックで採点の後に必

ず返却することが重要である。いくら「書く」活動が重要だと
しても、結果が戻ってこなければ学生は何をどうしていいのか
が分からなくなるからである。この点は、教員と学生・生徒間
で評価基準・目的などが相互に合意されている**インフォーム
ド・アセスメント**に関連する。

　ルーブリック評価は講義風景を一変させる特効薬ではない。
それと同時に、講義内容の学問上の位置づけによってはルーブ
リック評価がふさわしくないものも存在する。これは私が実際
にルーブリック評価を通じた講義運営をした上での実感だが、
学問体系が強固に構築されていて、さまざまな応用分野に接続
する基礎的分野にあたる内容を講義する場合、その評価は従来
の方法でいいと思っている。いわゆる基礎理論は「知見をある
程度自在に再現できる」ことがスキルなのだから、それを測る
のには小テストなど（序章で紹介した溝上慎一における最広義
の定義を踏まえると、これも立派な AL）の従来からの方法が
より効率的である。無論、スポット的にこれまでと切り口の異
なる教育実践をうまく挿入できれば、それに越したことはない。
その1つとして最近注目されているのが**反転授業**である[17]。た
とえば、講義途中にレポート課題を課す単元があるとする。通
常の講義では必要な知識を教室で教授し、それを踏まえて教室

17 ▶ 反転授業に関する理論的基礎や実例ついては次の文献が詳しい。森朋子「【コラ
ム】反転授業─知識理解と連動したアクティブラーニングのための授業枠組み─」松
下佳代・京都大学高等教育研究開発推進センター（編）『ディープ・アクティブラーニ
ング』勁草書房、2015年、pp.52-57。森朋子「アクティブラーニングを深める反転
授業」溝上慎一（監修）・安永悟・関田一彦・水野正朗（編）『アクティブラーニング
の技法・授業デザイン』東信堂、2016年、pp.88-109。

外でレポート課題に取り組んでもらう構造をもつ。反転授業は
これを反転させる、すなわち教室外で必要な知識について勉強
してもらい、その成果をもって教室でレポート課題について取
り組むのである。ただし、その場合、その実践がそれまで学ん
だ基礎知識を活かしたものであるのと同時に、それ以降の基礎
知識を獲得するきっかけとならなければならない。この点につ
いては第 5 章で触れる。

まとめと今後の課題

　私の現在担当する講義・演習において、どういうタイミング
でどういう手法で AL 的要素を組み込むか。そのアイデアを今
の私は持ち合わせていない。これが今後の課題であるのは言う
までもない。それ以外にも、少なくとも 2 つの課題があると私
は考えている。

　第 1 の課題は、1 つの講義に複数のルーブリックを活用する
可能性の模索である。たとえば、あるルーブリック評価で安定
的に高得点を獲得できるようになった学生に対して、よりハイ
レベルなルーブリックを用意する必要がある。その際、必然的
に成績評価も複雑化することになるが、それを合理的かつ客観
的に運用しなければならない。1 つの可能性として、複数の短
期ルーブリックを作り、それを集約する形で長期ルーブリック
を上手く作成できればこの課題は克服できるかもしれない。

　第 2 の課題は、せっかくある講義を通じて学生たちが身につ
けたであろうスキルが他の講義などで活用されているかどうか、

その追跡調査する術がないことである。第3～4章でこれとは別文脈の追跡調査を行っているが、これに関連して興味深い実践報告がある。中東雅樹と津田純子は、新潟大学経済学部1回生対象の講義において、レポート作成上のスキルを段階的に向上させる指導法を開発・実践した[18]。この指導法のポイントは2つある。1つ目は、一旦完成したレポートを発表会でプレゼンさせ、それを踏まえて受講生間でチェックシートを用いて相互チェックをかけることである[19]。2つ目は、一旦完成したレポートを3・4回生によって添削させることである（そのために、添削アシスタント育成プログラムを稼働させている）。これによりレポートの内容面で大幅な改善が見られたのと同時に、この講義に関与する者にさまざまな気づきが与えられることを示唆している。具体的には、当該講義の受講生においては他者に見せることを意識したレポート作成に取り組めることと、上回生においては他者のレポートをチェックすることで内省する機会を提供できることである。

　ところで、ここまで述べてきたこととは別文脈で、ルーブリック評価を実践する上で考えておかねばならない点がある。私がこれを厳密に運用した実感だが、これによって単位認定基準が上がる傾向になるため、担当講義の合格率が低下する可能

---

18 ▶ 中東雅樹・津田純子「主体的な学びを促すアカデミック・ライティングの段階的指導法の開発」『名古屋高等教育研究』第16号、2016年、pp.305-324。
19 ▶ 大島弥生の実践報告では東京海洋大学海洋科学部1回生対象の講義において、コメントシートを活用している。大島弥生「〈実践報告〉大学生の文章に見る問題点の分類と文章表現能力育成の指標づくりの試み：ライティングのプロセスにおける協働学習の活用へ向けて」『京都大学高等教育研究』第16号、2010年、pp.25-36。

性がある。もし、さまざまな講義・演習でルーブリックによる厳密な成績評価を実施すれば、留年率の上昇およびGPA（Grade Point Average）の低下を引き起こすことが予想される。この結果は、大学の外部に対して《学生の怠惰な生活を律する大学ではない》《学生の実情に合わせたカリキュラムシステムになっていない》というシグナルとなるかもしれない。もしくは、《学生を厳しくトレーニングさせるいい大学である》という真逆のシグナルになるかもしれない。現状において、留年率の上昇傾向やGPAの全学的な低下傾向がボリュームゾーンにどう判断されるのかは定かではないが、厳密な成績評価運用をどう考えて、どう大学内外に積極的に発信するか？ 教学改革を叫ぶのであればその成果がどう伝わるのか？ そうしたことも考慮する必要があるだろう。

　本章では私が個別に実践しているルーブリック評価についての報告が中心であったが、大半の教員にとっては思いもよらぬ話かもしれない。これを《面倒だ》と捉えるか、《面白そうだ》と捉えるか。このちょっとした気づきの差が講義風景を一変させるかもしれない。

学生・生徒は「笛吹けば踊る」のか？

はじめに

　前章では、第1章で紹介したシートを評価するツールである
ルーブリックについて、その作成手順、運用上のコツ、運用で
期待される効果などについて確認した。一度設定した評価軸お
よび評価基準を厳格に運用し、それを受講生に返却することを
怠らなければ、彼らは緊張感を持って受講を継続し、それを通
じて受講生の学ぶ意欲などの様子がより明瞭に観察できること
を指摘した。

　ところで、近年では AL 実践の一環として、学生たちを学外
に連れ出す数々のプログラムが稼働している。その代表格が海
外留学だろう。チラシやメールなどで告知し、説明会を開催し、
募集・選抜活動を行い、場合によっては事前研修を行ってよう
やく出発に至る。帰国後もプログラムによっては成果報告会が
開催される。学内で企画されるインターンシップも似たような
進行だろう。

　しかし、こうしたプログラムを担当した教職員からは、《募
集してもなかなか学生が集まらない》《選抜した学生の意識が
低い》《学生が指示されないと動かない》といった不満の声が
よく聞かれる。だが、私が気になることは、学外に飛び出した
学生たちが学内に戻ってからどう行動しているのかである。学

内の講義・演習にせよ、学外プログラムにせよ、認知プロセスの外化を伴わなければ AL とは言わない（序章参照）。外化を通じて教員が意図したスキルは得られるだろうが、それはその後の生活に活かすからこそのスキルであって、本当にその AL が当初の成果を出せたかどうかはその後の動きを調べなければならない。

　そこで、本章ではある講義を起点として学生たちがどう動いたのかを追跡した調査について報告する。その対象として導入講義の受講生を取り上げる。この講義は本学部のカリキュラム体系の鍵になる科目である。第1章で説明したように、本学部は 2011 年度からコース制が導入され、自分の所属コースを意識した履修を推奨している。その目玉が「コース演習」（以下、基本演習と略記）である。これは2回生秋学期に開講され、3・4回生で連続履修する「演習Ⅲ・Ⅳ」（以下、専門演習と略記）へと接続する導入的演習科目である。導入講義は、学生たちの希望する基本演習を選択させるのに必要な情報を提供するための科目である。つまり、この講義の首尾は、その後、学生たちが本学部の狙い通りに基本演習や専門演習を選択したかどうかにかかっている。しかし、これまで導入講義を通じて学生たちがどんな基本演習・専門演習を選択したのか、その実態を調査することはなかった。本章では、この点についてクラスター分析を用いながら検討する。

コース選択の流れ

　まず、改めて本学部におけるコース選択の流れについて解説しておく。本学部では以下の4つのコースが用意されている。

- Aコース：世界経済や諸外国の動向・構造などについて専門的に学ぶ
- Bコース：経済分析に必要な数理ツールなどについて専門的に学ぶ
- Cコース：身近な経済事象などについて専門的に学ぶ
- Dコース：国内の特定領域の動向・構造などについて専門的に学ぶ

そして、各学生は定められた手順にしたがって自分の所属コースを選択できるようになっている。以下では、その流れについて解説する。

　新入生は、入学段階において上記4つのコースについて詳細に知っている訳ではない。そこで、学生に上記4コースの特徴や所属教員の専門分野・演習概要などを知ってもらうために、2回生春学期に全員が履修するようにクラス指定された導入講義（2単位。4クラス開講し、各クラスの履修登録者は100名程度）を開講している。この科目は全15回の講義のうち、初回のガイダンス、最終回のまとめ、中盤に実施されるキャリア教育を除く12回を各コースに3回ずつ割りあて、各回において当該コース所属の専任教員が順番にリレー形式で講義するインテグレーション科目[1]とよばれるものである。

　この講義の最終回に、2回生秋学期開講の基本演習（2単

108

位）の希望調査を行う。調査時において『コース演習希望調査票』（以下、『希望調査』と略記）とともに、基本演習の開講・曜日時限一覧およびシラバスが参考資料として配布される。そして、受講生はこれまでの講義内容と追加資料を踏まえつつ、第6希望まで選べるようになっている[2]。その結果にもとづいて学生全員がいずれかの基本演習に所属する。なお、基本演習に所属しない学生は除籍・退学・休学のいずれかに該当する。

　基本演習の定員は20名程度である。そこに所属するプロセスは以下の要領で行われる。まず、『希望調査』で記入された第1希望にもとづいた割り振りが行われる。ある基本演習を第1希望にした学生総数が収容定員未満であれば、そのまま第1希望通りの所属となる。一方、希望した学生総数が収容定員を超えた場合は、導入講義の成績にもとづいた抽選が行われる。第1希望の抽選で漏れた学生は第2希望にもとづいた割り振りに回るが、その方法は第1希望の割り振り方と同じである。すなわち、収容定員を満たしていない基本演習を第2希望にした学生総数が、（第1希望で決まった人数を除いた）収容可能人数未満であれば、そのまま第2希望通りの所属となる。さもなくば成績にもとづいた抽選が行われる。以下、第3希望以降の割り振りについても同様の方法で行われ、所属学生全員がどこかの基本演習に所属できる仕組みになっている[3]。なお、『希望

---

1 ▶ 1回の講義につき1人の教員が講義する場合もあれば、複数の教員が行う場合もある。

2 ▶ ちなみに、当該講義時に欠席した学生は後日教務課へ『希望調査』を提出することになっている。

調査』を提出しなかった学生は、提出した学生の割り振りがすべて終えてから定員を満たしていない基本演習にランダムに割り振られる。

　基本演習は、3回生以降履修する専門演習（2年間連続履修で8単位）の導入として開講される。そして、専門演習の履修には2回生秋学期に行われる選考に合格しなければならない。専門演習の定員は20名で、各教員は3回の募集で定員を充足するように学生の選考を行う。そのプロセスは以下の通りである。

　通常毎年10月に翌年度開講される専門演習の概要（演習内容や選考方法など）が公開される。そして、11月に1次募集が開始される。学生は、希望する専門演習の担当教員に対して書類（調査書。担当教員によっては追加レポートも）を提出しなければならない。ただし、応募自体は本学部開講はもちろんのこと、一部の他学部開講の専門演習についても可能である。各教員は調査書の内容や（場合によって）追加レポート、面接・面談などを通じて学生の選抜を行う。その結果は12月下旬に公表され、そこで選ばれればその専門演習を3回生以降履修することになる。1次募集の選考に漏れた学生および1次募集に応募しなかった学生は2次募集に回る。2次募集は1次募集の結果発表とともにその概要（演習内容、収容可能人数、選考方法など）が公開され、1月初旬に募集が行われる。それ以降の

---

3 ▶ ただし、2018年度入学の学生から新カリキュラムが施行され、予備登録により基本演習を履修するようになった。なお、このカリキュラム改訂により、導入講義は1回生秋学期に前倒しされ、基本演習は2回生春学期にも開講されるようになった。

プロセスは 1 次募集と同じである。その結果は 1 月下旬に公表され、そこでも選考に漏れたり応募しなかった学生対象に 3 次募集の概要が公開される。そして、これまでと同様のプロセスを経て、2 月下旬にその結果が公表される。なお、最終的に専門演習に所属しなかった学生は除籍・退学・休学になったか、自ら未履修を選択したかのいずれかである[4]。

使用データ

本章の目的は、導入講義をきっかけにして学生たちがどんなコース選択を行ったのかを調査し、その特徴を抽出することにある。ここでは、その前段階として行ったクラスター分析に使用したデータについて説明する。サンプルは現在の形でデータを取り始めた 2013〜17 年度の間に、私が担当した導入講義の受講登録者総数 489 名（2013 年度は 104〔うち女子学生 14〕名、以下年度順に 98〔同 15〕名、98〔同 12〕名、97〔同 15〕名、92〔同 13〕名）である。

導入講義の最終回に受講生に対して質問紙による調査を実施して、2 種類のデータを集めた。1 つ目は『印象に残った教員ランキング調査』（以下、『ランキング調査』と略記）である。これは導入講義にゲストとして来た 13 名の専任教員の講義の

---

[4] ▶ なぜ専門演習が未履修でも卒業できるのかと言うと、この科目が（選択）必修となっていないからである。ちなみに、本学部において学生が卒業時点でどのコース所属として卒業するのかについては、コース認定を受ける必要がある。それには導入講義、基本演習および専門演習の他に、「コース・コア科目」という科目群からいくつかの講義を履修する必要がある。

うち、学生自身の印象に残った教員をランキング形式で表明してもらったものである。この用紙はシートの体裁を採用している。ここでは、ランキングに載った教員の所属コース（A～D）に1～4の数字を割りあてた。なお、キャリア教育のゲスト講師を1位に選んだ学生には「その他」として5、この質問紙に未回答だった学生は0をそれぞれ割りあてた。2つ目は『希望調査』である。先述の通りこれは第6希望まで記入でき、それを先と同様の方法で1～4の数字を割りあてた。また、この質問紙に未回答だったサンプルも該当データを0にした。

最終的に学生がどの基本演習および専門演習に所属したかについては、各演習の受講者名簿をもとにデータ化した。ただし、専門演習に関して本学では先述の通り他学部開講のものも応募・履修できるので、該当学生については5を割りあてた。そして、演習に所属しなかった学生には0を割りあてた。最後に、学生の当該講義の成績（D～S）を0～4の数字に割りあてた。

クラスター分析の結果

クラスター分析には座標間の距離の定義やクラスターのまとめ方にさまざまな方法があるが、本章ではward法にしたがって分析を行った[5]。図3-1にはクラスター分析の結果をデンドログラム（樹形図）として描いており、ここでは全489名の学

---

[5] ▶ クラスター分析の基本については次の文献が平易で分かりやすい。佐藤義治『多変量データの分類－判別分析・クラスター分析－』朝倉書店、2009年。また、本章は統計ソフトstataを使って分析を行ったが、その手法については次の文献が詳しい。石黒格（編）『（改訂）Stataによる社会調査データの分析』北大路書房、2014年。

図 3-1 ▶ デンドログラム

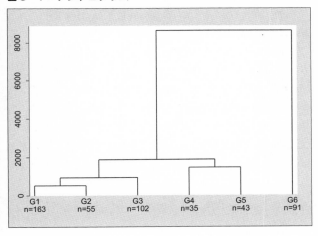

生が 6 つのクラスターにまとめられた状態から出発して、どのように 1 つに集約されるのかが示されている。この図において、G1～G6 がクラスター名で便宜上つけられたもの、その下にある n がそのクラスターに該当する学生数をそれぞれ表している。そして、この図を見ると、G1～G5 を 1 まとめにしたクラスターと G6 を統合する際の線分が他に比べてかなり長い。これは 2 つのクラスター間の距離が一番遠いことを意味する。したがって、全 489 名の学生は 2 つのクラスター、すなわち【G1-G5】と【G6】に分類できることが分かる。以下、前者を第 1 クラスター、後者を第 2 クラスターとそれぞれよぶことにする。

次に、2つのクラスターの特徴をつかむためにいくつかの
データを表3-1にまとめている。1段目は、『ランキング調
査』において学生が1位に選んだ各コースの人数を示している。
これを見ると、第2クラスターは91名全員が未回答である。一
方、第1クラスターを見ると、Cコースを1位に選んだ学生が
152名と一番多く、以下、Bコース75名、Dコース71名、A
コース42名と続く。なお、この表の「その他」とは先述の通
りキャリア教育のゲスト講師を1位に選んだ学生数である。
　2段目は、『希望調査』において学生が第1希望に選んだ各
コースの人数を示している。これを見ると、第2クラスターで

表3-1 ▶ 2つのクラスター

単位：人

1. ランキング1位

	未回答	Aコース	Bコース	Cコース	Dコース	その他	合計
第1クラスター	43	42	75	152	71	15	398
第2クラスター	91	0	0	0	0	0	91
合計	134	42	75	152	71	15	489

2. 第1希望

	未回答	Aコース	Bコース	Cコース	Dコース	合計
第1クラスター	14	70	54	97	163	398
第2クラスター	90	1	0	0	0	91
合計	104	71	54	97	163	489

3. 成績

	D	C	B	A	S	合計
第1クラスター	100	100	113	68	17	398
第2クラスター	88	1	2	0	0	91
合計	188	101	115	68	17	489

は 1 名を除くすべての学生が未回答である。ここから、第 2 クラスターの学生は『ランキング調査』および『希望調査』を提出しなかった、すなわち導入講義の最終回に欠席した可能性が高いことが分かる。一方、第 1 クラスターを見ると、D コースを第 1 希望にした学生が 163 名と一番多い。以下、C コース 97名、A コース 70 名、B コース 54 名と続く。

　ここで導入講義の主旨を改めて考えてみよう。この講義は、各コースに所属する専任教員が自身の研究内容や演習概要について情報提供するものであった。それゆえ、講義内容を聞いて強く惹きつけられたゲストを『ランキング調査』で 1 位に挙げたならば、そのゲストの基本演習を第 1 希望にすると考えるのが自然である。その意味で『ランキング調査』と『希望調査』は連動すると予想したのだが、この結果を見る限りそうなっていない。どうやら学生にとって導入講義での印象と基本演習への志望動機が食い違っている実情が想起される。

　そして、3 段目は導入講義の成績分布である。これを見ると、第 2 クラスターでは合格したのは 3 名のみで他はすべて不合格である。このクラスターの学生が少なくとも『希望調査』を提出しなかったことを踏まえると、彼らは最終的に導入講義の単位習得およびコース選択を事実上放棄したのではないかと考えられる。

第1クラスターの相関分析

　表3−1から第2クラスターの特徴が『ランキング調査』にも

115

『希望調査』にも参加せず、導入講義の成績状況が芳しくない学生が属していることが分かった。そこで、ここでは第1クラスターの特徴を Kendall の順位相関係数から確認しよう。その結果が表3-2に示されている。

　まず、『ランキング調査』の回答と他の変数間の相関係数から確認する。これを見ると、『ランキング調査』内の諸変数、すなわち1〜3位間相互に弱い正の相関が見られた。次に、『ランキング調査』と『希望調査』の諸変数間の相関を見ると、ランキング1位と第1希望の係数のみが有意だった。この結果は該当する相関係数が有意にゼロでないと言えるが、係数の値が0.1153と相関の目安である0.2未満なため、ほぼ相関がないか、あったとしてもごく弱いと判断できる。『ランキング調査』で選んだコースと『希望調査』で選んだコースが必ずしも一致していないという予想が、ここで確認された格好である。最後に、『ランキング調査』と基本および専門演習との相関を確認する。これを見ると、ランキング1位と基本・専門それぞれの演習と、2位と専門演習との間にそれぞれ有意な正の相関を示す係数があったが、先述の理由からほぼ無相関と判断していいだろう。以上の結果は、導入講義をきっかけにして基本・専門演習へとたどるコース選択の接続が、本学部の狙い通りではないことを示唆している。

　次に、『希望調査』の回答と基本および専門演習との相関を見てみよう。その前に、『希望調査』内の諸変数間の相関を確認すると、第1希望と第5希望、第2希望と第5・6希望との相

表3－2 ▶第1クラスターの相関分析

		ランキング						希望			基本演習	専門演習
		1位	2位	3位	第1	第2	第3	第4	第5	第6		
ランキング	1位	1.0000										
	2位	0.2433***	1.0000									
	3位	0.2223***	0.2150***	1.0000								
希望	第1	0.1153**	0.0122	0.0284	1.0000							
	第2	0.0223	0.0482	-0.0008	0.1875***	1.0000						
	第3	0.0015	0.0114	0.0392	0.1300**	0.1228***	1.0000					
	第4	-0.0172	0.0643	-0.0166	0.1238**	0.1801***	0.2252***	1.0000				
	第5	0.0208	-0.0125	0.0464	0.0795	0.0790	0.1180**	0.1528***	1.0000			
	第6	0.0624	0.0171	-0.0216	0.1084*	0.0653	0.1380**	0.1260**	0.1926***	1.0000		
基本演習		0.1586**	0.0827	0.0228	0.4552***	0.1333**	0.1479**	0.0722	0.0251	0.0644	1.0000	
専門演習		0.0907	0.0830*	0.0388	0.1447**	0.0560	0.1593**	0.0822	0.0472	0.0367	0.1734***	1.0000

注）$*: p < 0.05$, $**: p < 0.01$, $***: p < 0.001$

117

関は有意でなく他は有意という結果だった。しかし、弱いながらも正の相関があると判断できるのは第3希望と第4希望の相関のみであって、この結果は学生がコースに対して強いこだわりを持っている訳ではないことを示している。一方、『希望調査』と基本演習との相関を確認すると、第1希望との間に中程度の正の相関があった。先述の通り、基本演習への学生の割り振りは第1希望から行われるから、この結果自体はごく自然であろう。第2・3希望との間にも正の相関が確認できたが、ほぼ相関していないと見ていいだろう。最後に、『希望調査』と専門演習間の相関を確認すると、第1・3希望と正の相関があったがこれもほぼ無相関だと言える。

追跡調査

上の分析結果から言えることは、第1クラスターにおいて『ランキング調査』から始まって、『希望調査』→基本演習→専門演習の流れに一致した選択傾向が見出しにくいことである。一見するとバラバラな選択をしているようだが、実際のところはどうなのか。それを確かめるべく、学生が『ランキング調査』を起点にどういう経路をたどって専門演習のコース選択に至ったのか、図3−1を参考に第1クラスターをG1～G3（以下、第1グループとよぶ）、G4（以下、第2グループとよぶ）、G5（以下、第3グループとよぶ）と3つのグループに細分化し、これらと第2クラスターの追跡調査を行った。その結果が図3−2～図3−5で示されている。

(1) 第1グループ

図３−２は、第１クラスター第１グループの学生が『ランキング調査』で１位に選んだコースから始まって、どういう経路を経て専門演習へと至ったのかを示している。図３−１より、このグループに該当する学生数は320名で、第１クラスターの80.4％にあたる。この図の左側３列にある各コースの枠内に小さな数字が並んでいる。この数字は、左側のコースから右側の矢印の先のコースへ移った学生数を表している。たとえば、図３−２の１列目の『ランキング調査』でＡコースを１位に選んだ学生38名のうち10名は、『希望調査』においてＤコースを第１希望に選んだことを示している。なお、各コースから一番多くの学生が移動した矢印については太線で示している。

図の読み方が分かったところで改めて図３−２を見ると、１列目の『ランキング調査』ではＣコースが134名で一番人気、以下、Ｄコース67名、Ｂコース66名、Ａコース38名、その他10名、未回答５名と続く。ここから２列目の『希望調査』に伸びる太い矢印に注目すると、Ｄコースに向かう学生が多い。実際、Ｄコースを第１希望にする学生は140名で一番人気となった。移動の内訳をみると、『ランキング調査』でＡコースを選んだ学生のうち10名、Ｂコースから25名、Ｃコースから52名、Ｄコースから44名であった。Ｄコースには及ばないが、Ｃコースも『希望調査』では87名で人気が高かった。移動の内訳をみると、『ランキング調査』でＡコースを１位にした学生のうち12名、Ｂコースから14名、Ｃコースから44名、Ｄコースか

図3-2 ▶ 第1クラスター第1グループ追跡調査

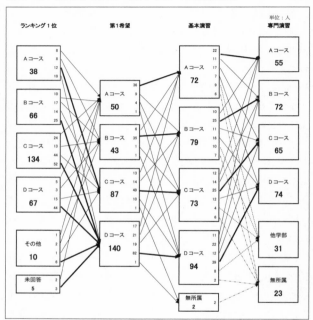

ら15名がそれぞれ移った。その他さまざまな動きがあって、
Aコース50名、Bコース43名という第1希望の分布になった。
ちなみに、『ランキング調査』で1位に選んだコースと基本演
習の第1希望に選んだコースが一致した学生を数えると、A
コース8名、Bコース17名、C・Dコース各44名の計113名

（第 1 グループ全体に占める割合 35.3％）だった。

　次に、第 1 グループの学生が第 1 希望に選んだコースからどこの基本演習の所属になったのかを確認する。ここでも太い矢印に注目すると、A コースを第 1 希望にした 50 名のうち 36 名、B コース第 1 希望 43 名のうち 35 名、C コース第 1 希望 87 名のうち 49 名、そして D コース第 1 希望 140 名のうち 82 名がそれぞれ同コースの基本演習へ移動した。すなわち、第 1 グループ全体では 63.1％にあたる 202 名の学生が第 1 希望にしたコースの基本演習所属になった。そして、先述の割り振りを経て、最終的に A コース 72 名、B コース 79 名、C コース 73 名、そして D コース 94 名という基本演習所属に行き着いた。ここでも D コースの人数が一番多いことが分かる。

　最後に、第 1 グループの学生が基本演習からどこの専門演習所属になったのかを確認する。ここでも太い矢印に着目すると、A コースの基本演習所属である 72 名のうち 22 名、B コース所属 79 名のうち 25 名、C コース所属 73 名のうち 25 名、そして D コース所属 94 名のうち 39 名がそれぞれ同じコースの専門演習へ移動した。したがって、第 1 グループ全体では 111 名（34.7％）の学生が基本演習と同じコースの専門演習に所属することになった。そして、さまざまな移動を経て、最終的に A コース 55 名、B コース 72 名、C コース 65 名、D コース 74 名、他学部 31 名という専門演習所属となり、ここでも D コースが最大数となった。

　以上をまとめると、第 1 クラスター第 1 グループに分類され

た学生たちは導入講義の印象度ではＣコースに魅力を感じるものの、基本演習の希望はＤコースに所属したいと思う傾向が強い。だが、そこから基本演習および専門演習にかけては一致した選択をする傾向が少なからずある。また、Ｄコースが『希望調査』以降最大数を保っている点も注目できるだろう。

(2) 第2グループ

　次に、第1クラスター第2グループの動きを図3-3から確認する。この図でまず目を引くのは、このグループに分類された学生35名全員が『ランキング調査』未提出なことである。一方、『希望調査』では第1グループと同様にＤコースへの第1希望が集まった。そして、『希望調査』から基本演習へはＡコースを第1希望にした7名のうち6名、Ｂコース第1希望7名のうち4名、Ｃコース第1希望6名のうち3名、そしてＤコース第1希望15名のうち9名がそれぞれ同コースの基本演習へ移動した。すなわち、第2グループ全体では22名（62.9%）の学生が第1希望通りの基本演習所属となった。そして、第2グループにおける基本演習の最終的所属分布はＡコース10名、Ｂコース9名、Ｃコース5名、Ｄコース11名となった。Ｄコースに人数が集まる傾向は第1グループと同様だと言える。

　今度は、第2グループの学生がどのコースの専門演習所属になったのかを確認する。これを見ると、Ａコースの基本演習所属だった10名のうち4名、Ｂコース所属9名のうち5名、Ｃコース所属5名のうち2名、そしてＤコース所属11名のうち7名がそれぞれ同じコースの専門演習へ移動した。したがって、

図 3-3 ▶ 第 1 クラスター第 2 グループ追跡調査

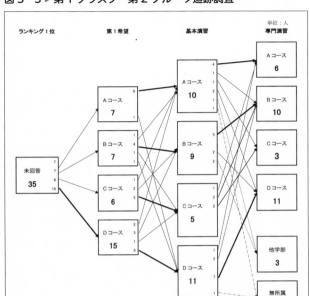

第 2 グループ全体では 51.4％にあたる 18 名が基本演習と同じ
コースの専門演習所属となった。そして、第 2 グループにおけ
る専門演習の最終的所属分布は A コース 6 名、B コース 10 名、
C コース 3 名、D コース 11 名となった。

『希望調査』の第 1 希望で D コースの人気が高い点、第 1 希望

の60%以上が叶っている点、専門演習においてもDコースが所属人数の多い点、これらが第1グループとの共通項である。その意味で、第1および第2グループとの最大の違いは『ランキング調査』を提出したか否かにあると言える。

(3) 第3グループ

　今度は、第1クラスター第3グループに分類された学生たちの動きを追跡する。図3-4は、第3グループの学生が『ランキング調査』からどういう経路を経て専門演習に至ったのか、その推移を示している。第3グループに分類された学生は43名だが、（ここには示していないが）このグループに分類された学生は2015〜17年度受講生のみで、2013〜14年度の受講生が入らなかった。ここ数年でこれまでにない属性を持つ学生が在籍するようになったのかもしれない。

　まず1列目の『ランキング調査』を見ると、このグループでもCコースが1番人気で18名いる。以下、Bコース9名、その他5名、A・Dコース各4名、未回答3名の順で続く。だが、2列目の『希望調査』になるとAコースが13名で一番人気になった。これは第1・2グループとは異なる特徴である。移動の内訳をみると、『ランキング調査』でAコースを選んだ学生のうち2名、Bコースから4名、Cコースから4名、Dコースから2名が移った。他のコースの希望人数を見るとDコース8名、B・Cコース各4名であった。ちなみに、第3グループにおいてランキング1位と第1希望が一致した学生数は9名（20.9%）であり、第1グループよりも低かった。考えられる要

図３−４ ▶ 第１クラスター第３グループ追跡調査

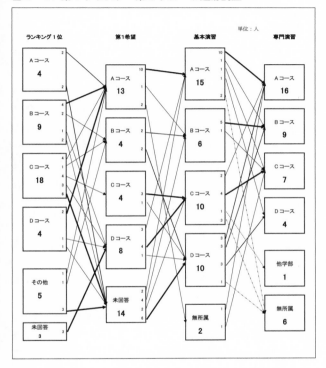

　因の１つが『希望調査』未提出の学生が14名と最多であること
である。

　次に、第３グループの学生が第１希望に選んだコースからど

この基本演習所属になったかを確認する。これを見ると、A
コースを第1希望にした13名のうち10名、Bコース第1希望
4名のうち2名、Cコース第1希望4名のうち3名、そしてD
コース第1希望8名のうち1名がそれぞれ同じコースの基本演
習に移った。すなわち、第3グループ全体では16名（37.2%）
の学生が第1希望通りの基本演習所属となった。一見、第1・2
グループに比べて割合が低く映るが、未回答14名を除いた29
名を基準にすると過半数の55.2%の学生にあたる。他方、D
コース第1希望と基本演習所属が一致した割合が第1・2グルー
プに比べて低く、これも第3グループの大きな特徴の1つであ
る。そして、第3グループにおける最終的な基本演習所属分布
はAコース15名、Bコース6名、C・Dコース各10名となっ
た。

　最後に、第3グループの学生が基本演習からどこの専門演習
所属になったかを確認する。ここで図の太い矢印に注目すると、
Aコースの基本演習所属15名のうち10名、Bコース所属6名
のうち5名、Cコース所属10名のうち4名、そしてDコース
所属10名のうち3名がそれぞれ同じコースの専門演習に移った。
つまり、第3グループ全体では22名（51.2%）の学生が基本演
習と同じコースの専門演習所属であり、割合としては第1・2
グループよりも高い。そして、その他さまざまな動きがあって、
第3グループにおける最終的な専門演習分布はAコース16名、
Bコース9名、Cコース7名、Dコース4名、他学部1名となっ
た。

　第１希望でＡコースの人気が高い点、そして基本演習から専門演習にかけてもＡコースの所属人数が多い点、これらが第３グループの大きな特徴であり、それと同時に第１・２グループと区別される特徴でもある。

(4) 第2クラスター

　以上の３つで第１クラスターの追跡調査を行ったが、最後に、第２クラスターの追跡調査を図３−５で確認する。この図は、第２クラスターの学生が『希望調査』からどういう経路を経て専門演習に至ったのか、その推移を示している。これを見ると、唯一『希望調査』を提出した学生は希望したＡコースの基本演習所属となった。それ以外の90名はランダムに割りあてられている。結果として、Ａ・Ｂコースに多くの学生が割りあてられることになった。その理由は第１クラスターの学生のうち203名がＣ・Ｄコースの基本演習に割り振られ、その段階でかなりの定員が埋まったからだと考えられる。

　次に、第２クラスターの学生が基本演習からどこの専門演習に所属したかを確認する。ここで太い矢印に注目すると、Ａコースの基本演習所属26名のうち18名、Ｂコース所属26名のうち11名、Ｃコース所属14名のうち８名、そしてＤコース所属６名のうち３名が専門演習に所属しなかった。基本演習に所属しなかった19名全員がどこの専門演習にも所属しなかったため、最終的に第２クラスター全体では64.8％にあたる59名の学生が専門演習未所属であった。ちなみに、第２クラスターにおいてランダムに割り振られた基本演習と同じコースの専門演

図 3-5 ▶ 第 2 クラスター追跡調査

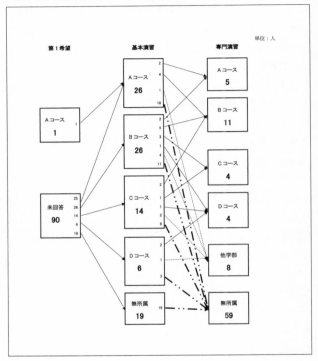

習所属になった学生はAコース2名、Bコース5名、Cコース
1名、Dコース2名の合計10名(11.0%)しかいなかった。

若干の考察

　ここまでは受講登録者をクラスターやグループに分け、『ランキング調査』から専門演習に至る経路を見る中で、分類された学生の特徴について検討してきた。ここでは、これまでの結果を「一致する」ことをキーワードにしてまとめておこう。

　ランキング 1 位と第 1 希望のコースが一致した学生は合計122 名（第 1 クラスター第 1 グループ 113 名、第 3 グループ 9名）、受講登録者全体に占める割合は 24.9％、第 1 クラスター全体に占める割合では 30.7％だった。この結果は、受講登録者全体で見れば約 4 分の 1 しか『ランキング調査』と『希望調査』の回答が一致せず、導入講義の主旨が十分伝わっていない実情が改めて浮かび上がる。次に、第 1 希望と基本演習のコースが一致した学生は合計 241 名（第 1 クラスター第 1 グループ202 名、第 2 グループ 22 名、第 3 グループ 16 名、第 2 クラスター 1 名）、受講登録者全体に占める割合は 49.3％、第 1 クラスター全体に占める割合では 60.3％だった。一見、第 1 希望の半数程度しか叶っていないように見えるが、『希望調査』を提出すれば 6 割程度は第 1 希望の基本演習に所属できたとも解釈できる。とはいえ、学生の一定数が第 1 希望に所属できなかった要因は、第 1 希望が C・D コースに集中する傾向があり、抽選を行わざるを得ない事情が影響したと考えられる。最後に、基本演習と専門演習のコースが一致した学生は合計 161 名（第 1クラスター第 1 グループ 111 名、第 2 グループ 18 名、第 3 グループ 22 名、第 2 クラスター 10 名）、受講登録者全体に占める

割合は32.9％だった。第1クラスターの学生全体の割合でも37.9％と4割にも満たなかった。表3-2より基本演習と専門演習間の相関がほぼなかった結果を踏まえると、基本演習が専門演習を通じて更なる専門性を高めようという動機づけになっていないことを物語っていると言えよう。

　では、本当に一貫したコース選択をした学生がいなかったのか。このことについてさらに検討する。その結果が表3-3に示されている。この表は『希望調査』で第1希望にしたコースを起点にして、基本演習および専門演習すべてで同じコースを選択した学生群を〈一貫群〉として、その人数を割り出したものである。たとえば、第1クラスター第1グループでAコースを第1希望にした50名のうち、11名は基本・専門演習ともAコース所属であったことを表す。その逆で、この表には第1希望を起点として、基本演習→専門演習とすべて異なるコースを選択した学生群を〈放浪群〉として、その人数も示している。

表3-3 ▶ 一貫群と放浪群

単位：人

	一貫群				放浪群		
	第1クラスター			第2クラスター	第1クラスター		
	第1グループ	第2グループ	第3グループ		第1グループ	第2グループ	第3グループ
Aコース	11　(4)	3	7	1	5	0	0
Bコース	14　(7)	3	2	0	3	1	1
Cコース	23　(13)	2	1　(1)	0	10　[3]	0	1
Dコース	35　(13)	7		0	25　[4]	2　[1]	1
合計	83　(37)	15	10　(1)	1	43　[7]	3　[1]	3

注：①一貫群の（　）内の数字は『ランキング調査』でも同コースを選んだ学生数である。
　　②放浪群の［　］内の数字は専門演習で他学部所属となった学生数である。
　　③放浪群の中に基本演習、専門演習のいずれかが無所属だった者を含まない。

たとえば、第 1 クラスター第 1 グループで B コースを第 1 希望にした 43 名のうち、3 名は基本演習では B コース以外、そして専門演習は 2 つと異なるコースを選択したことを示している。

　表の読み方が分かったところで、改めて〈一貫群〉から人数を確認しよう。まず、第 1 クラスター第 1 グループでは D コースが 35 名で最多であった。第 1 希望が一番多いコースだったからだろう。第 2 グループで第 1 希望の一番多い D コースと第 3 グループで第 1 希望の一番多い A コースが各 7 名と、それぞれ最多であった。一方、第 2 クラスターでは唯一『希望調査』を提出した学生が〈一貫群〉であった。その結果、〈一貫群〉であった学生は合計 109 名（全サンプルに占める割合 22.3％）だった。このうち、『ランキング調査』でも同じコースを 1 位に選んだ学生は合計 38 名（同 7.8％）だった。

　次に、〈放浪群〉の人数を確認しよう。第 1 クラスター第 1 グループでは、やはり第 1 希望が一番多い D コースが 25 名と最多であった。第 2・3 グループは各 3 名ずつで、結局、〈放浪群〉の学生は合計 49 名（10.0％）で〈一貫群〉の半分にも満たなかった。これまでコース選択の連動性が観察されなかった中で、〈放浪群〉が相当数存在すると予測していたが、これは正直意外だった。

まとめと今後の課題

　以上、ここまでの検討結果のうち重要だと思われる事項を中心にまとめてみよう。

● 検討対象となった受講登録者 489 名をクラスター分析を行った結果、『ランキング調査』『希望調査』の少なくとも 1 つに回答した第 1 クラスターと、両方とも回答しなかった第 2 クラスターに分類される。

● 第 1 クラスターについて相関分析を行った結果、『希望調査』第 1 希望と基本演習に正の相関が認められる以外はほとんど相関が見られない。

● 追跡調査を行った結果、バラバラなコース選択をした〈放浪群〉は対象学生の 10％に過ぎず、その倍以上（22.3％）の学生は〈一貫群〉として『希望調査』以降同じコース選択ができている。

　ちなみに、図 3−2〜図 3−5 において専門演習に所属しなかった学生は 90 名（19.0％）だった。これと〈一貫群〉の割合を踏まえると、今回調査した受講登録者にいわゆる **2・6・2 の法則**が成り立つ様子が見えてくる。この法則は、長期間にわたるアリの観察の中で、2 割程度のアリが働いているとはみなせない行動をしているという **2・8 の法則**からの派生と言われている。この法則の驚くべきことは、アリを個体識別した上で働きぶりを観察し、「働き者」ばかりのコロニーと「サボり者」ばかりのコロニーを人工的に作って観察を続けると、そこからやはり 2：8 の割合で働き者とサボり者に分かれるという[6]。

　もちろん、社会性生物であるアリの生態が人間社会にそのまま適応できるかどうかは更なる検討が必要である。とはいえ、

6 ▶ 長谷川英祐『働かないアリに意義がある』メディアファクトリー新書、2010 年。

本章の分析対象である学生のコース選択行動において、「カリキュラムシステムの主旨を理解してすいすい動く」〈一貫群〉が２割、「あの手この手で刺激を与えても逃げて」専門演習に所属しない学生が２割それぞれいた。こう理解できるかもしれない。すると、残りの290名が「何らかのきっかけがあれば動くかもしれない」学生群であると言える。このうち49名が〈放浪群〉に該当し、290名に占める割合が16.9％だった。つまり、この学生群の８割以上が〈一貫群〉とまでは行かないまでも、それなりの判断基準を持ってコース選択をしたと考えることができるだろう。

　私は経験上、人間の行動タイプもアリのごとく一定の割合で分布すると実感している。本章の文脈から言えば、カリキュラムを旧システムから新システムに移行させたとしても、導入当初はともかく、新システムが組織に定着すれば早晩そこから離脱する学生は必ず２割程度存在してしまう。それと同時に、どんなカリキュラムシステムを構築しても「水を得た」魚の如く意欲的に動く学生は必ず２割程度存在し、残りの６割がその場の雰囲気に応じて動きを変える。そして、その割合で安定的に推移することになるだろう。教育者にとって大事なことは、目の前にいる学生が２・６・２のどこに属しているかを見極めることである。その上で、２・６・２に応じた対応をシステムとしてどう構築すればいいのか？　この点を意識的に検討する時期に来ているのではないだろうか。

　ちなみに、ビジネスの世界において２・８の法則に類した**80**

対 20 の法則というものがある[7]。これ自体はヴィルフレド＝パレートが提唱した法則で、国民の所得や資産の分布が不均一であることを述べたものである。この傾向がさまざまな努力とその成果との対応関係にも観察される（たとえば、利益の 80％は 20％の顧客からもたらされる）ことから、この法則を企業内の生産性向上のための指針として活用するべきだとの主張が見られる。これを援用するならば、所与のカリキュラムシステムで自在に動く学生のために資源を投入するべきだという提言が可能である。ただ、教育という公益性の高い分野において、この提言では離脱する学生を放置することになりかねない。ますます厳しくなる大学経営にあって、離脱学生を放置することはそのまま組織維持の危機に直結する。そういう事情から、さまざまな大学で離脱学生の対応策が模索されている。次章ではこの点について検討する。

---

7 ▶ Koch, R., "The 80/20 Principle: The Secret of Achieving More with Less", Nicholas Brealey Publishing, 2007.（仁平和夫・高遠裕子（訳）『〈新版〉人生を変える 80 対 20 の法則』CCC メディアハウス、2011 年）

除退予備軍をあぶり出せ!?

はじめに

　前章では、導入講義のシート上で実施した『ランキング調査』を起点にして、本学部の学生がどんなコース選択をしてきたのかを追跡調査した。その結果、同時に実施した基本演習の『希望調査』との相関関係が見られず、導入講義の狙いが学生に十分伝わっていないことが確認された。一方、『希望調査』を起点にすると、基本演習から専門演習へと一貫したコース選択をした学生群が約2割、専門演習に所属しない形でコース選択を事実上放棄した学生も約2割それぞれ存在することも確認された。

　以下、本章では学生が除籍や中途退学となる状況を**除退**、除退となった学生を**除退者**とよぶことにするが、コース選択を事実上放棄した学生の中に除退者が多く含まれると思われる。序章で述べた通り、高等教育がユニバーサル段階になるに伴って、これまで想定していない学生層が在籍するようになる。そして、彼らが従来のカリキュラムシステムとのミスマッチを引き起こし、除退の形で大学を去るケースが目につき始めている。また、2020年1月からの新型コロナウィルスの感染拡大の影響もあって、経済上の理由から就学が困難になる状況もより深刻になりつつある。

少子化がより深刻化し、文科省による定員管理の厳格化要求が二転三転する中、除退者に対する対策・支援を充実させなければ2つの意味で大学運営に多大な影響を与える。

　第1は、学校法人会計上の**学生生徒納付金**のうち授業料や施設料など（以下、学納金と略記）の低下である。たとえば、私立文系学部における年間の学納金は概ね100万円である。在籍者数5,000人の私立文系大学だとざっと50億円の学納金が得られる。ここから5%の在籍者が除退したとなると2.5億円の学納金低下をもたらす。この低下分は入学者の割り増しで対応しにくい中でかなりの痛手である。在籍者に占める除退者の割合（除退率）の上昇を放置すれば収益構造が悪化し、教育サービスの充実もおぼつかなくなるだろう。

　第2は、ブランド力の低下である。高等教育の大衆化と情報公開が同時進行する中、除退率はその大学のトータルな教育の質を表す代理変数となる。その中で除退者が増加すれば、《キャンパス内に居場所を見出せない大学》《学生に対する面倒見が良くない大学》などのレッテルが貼られ、それが大学のブランド力低下につながりかねない。ブランド力の低下は志願者の減少を引き起こし、いわゆる定員割れをもたらす可能性すらある。これを放置すれば大学運営が更に悪化するのは言うまでもない。

　除退者の増加を食い止めるにはさまざまな方策が考えられる。たとえば、学生のクラブ・サークル加入率が低下傾向にある中で、学生同士の関係性を構築する工夫である。1回生対象の初

年次演習に上回生が加わって一緒に学習する、学生スタッフを
キャンパス各所に配置して、いつでも学生が集えるようなス
ペースを作るなどである。こうしたスペースで大学生活上のさ
まざまな悩みなどを共有できる関係性を構築すれば、大学に通
う動機づけになるだろう。また、学生の学習面に関してはカリ
キュラムでの支援も可能である。たとえば、初年次演習におい
て大学で勉強するノウハウをトレーニングしたり、中等教育の
内容をおさらいする補習的（リメディアル）科目の開講などで
ある。視覚障害や聴覚障害、学習障害などハンデを持つ学生に
対しては対応機器を教室内に整備するほか、専門スタッフを配
置してきめ細やかな支援を行うことが考えられる。そして、経
済的理由で就学の継続が困難な学生に対するさまざまな奨学金
の活用や、学納金の全額免除・分納などの支援制度の充実が考
えられる。とりわけ、新型コロナウィルスの影響で経済的な不
安を訴える学生が増加したことに鑑み、上記支援策とは別に大
学独自の給付金を学生に支給したり、遠隔授業に対応するため
の情報端末などを無償で貸与する大学もあった。

　しかし、前章でも指摘したが、どんなカリキュラムシステム
やイベントなどの仕掛けを導入しても、そこから抜け落ちる学
生は必ず存在する。だから、こうした制度面の充実と同時に、
抜け落ちる可能性のある学生を早期に発見して必要な対策を講
じることがより重要となる。そこで、本章では除退の可能性の
ある学生を早期発見する指標について、導入講義のデータを
使って検証する。

除退者の類型

　せっかく大学に入学しても、さまざまな理由から除退する学生群は必ず存在する。NPO法人NEWVERYが運営する日本中退予防研究所[1]は、中途退学を経験した元学生を中心にしたインタビュー調査から、除退者の類型を表4-1のようにまとめている。これを見ると、除退の要因には**初期型・失速型・貧困型**の3つに大別できることが分かる。

　第1に、初期型は入学した早々に顕在化するもので、偏差値の低い高校出身者だったり高校在学中における評定平均が低い「典型的初期（落ちこぼれ）型」や、安易に進路先を決めたことによる「学科ミスマッチ型」が典型として挙げられる。また、高校時代に比べて大学に通う強制力が格段と弱くなって自由を謳歌し過ぎ、本来の学業が継続できなくなるほど生活のリズムが狂う「生活リズム不安定型」も、除退の要因としてイメージされるものである。一方、大学における人間関係の構築につまずき、そのままフェード・アウトする「人間関係苦手型」もある。そして、学習する上でのハンデを持った学生が除退を余儀なくされる「福祉対応必要型」も初期型に分類される。

　第2に、失速型は何らかのきっかけで突然学習意欲が喪失するもので、それは修得単位数やGPAが急速に低下することで顕在化する。それが「典型的失速型」である。この類型には先

---

1 ▶ 2009年3月設立の大学・短大・専門学校の除退予防および防止に特化した非営利組織。除退の実態調査を行うとともに、それをもとにしたコンサルティングサービスおよび中途退学者支援事業を展開している（http://www.stoptheneet.jp/）。

表 4−1 ▶ 中途退学の類型

	パターン	特徴
初期型	**典型的初期（落ちこぼれ）型**	高卒就職が困難 高校時代における低偏差値、低評定平均
	学科ミスマッチ型	受験時の安易な学科選択
	生活リズム不安定型	深夜バイト・ギャンブル等
	人間関係苦手型	友人 10 人未満 部活・サークルに未所属
	福祉対応必要型	学生相談室での対応が不可欠
失速型	**典型的失速型**	1 回生後期からの低出席
	隠れ不満足型	高単位、高 GPA だが教育に不満足
	日本語能力不足型	中国人留学生は内輪で固まる傾向 非漢字圏出身者は読み書きが困難
突発型	**貧困型**	母子家庭、学費の支払いが困難

資料：日本中退予防研究所（NPO 法人 NEWVERY 運営）主催シンポジウム（2017 年 11
　　月 7 日開催）配布資料より加筆・訂正。

　述の福祉対応必要型も含まれる。これは学習上のハンデがもと
で専門教育についていくことがより困難になることが考えられ、
こうした学習スキル面からの除退は留学生における「日本語能
力不足型」にも現れる。一方、修得単位上も GPA 上も申し分
ないのに突然除退となる「隠れ不満型」は、所属大学の教育水
準に不満を持つことから顕在化すると考えられる。

　最後に、突発型は家庭の経済状況の急変から除退を余儀なく
されるもので、「貧困型」がその典型である。新型コロナウィ
ルス感染拡大の影響で経済的に困窮した世帯が増えて、このタ
イプの除退が増えたと思われがちだが、実際はそうなっていな
い。文科省の調査によると、2020 年 4～12 月の間に国公私立四

大、短大、高専で中途退学した学生は28,674人[2]で、前年同時期（36,016人）と比べて7,342人減少した。一方、すべての中途退学者に占める経済的理由による中途退学の割合は2020年4〜12月で19.3％、前年同時期比0.7ポイント増加した[3]。割合は微増したが絶対数が減少したことに鑑みれば、上で指摘した大学独自のさまざまな学生支援策が一定の効果があったと見ていいだろう。

除退予測の傾向

　上の話は実際に除退者になった学生の要因についてのものであるが、大学運営上重要なことは、既存学生への多様な教育支援システムを与件としてどの程度除退者が出現するか、すなわち**除退予測**を行うことである。丸山文裕によれば除退の生起を説明するモデルを次のように整理している[4]。

①**教育達成モデル**：学生の個人属性によって除退を説明するモデル

②**カレッジ・インパクトモデル**：教育機関の環境などによって除退を説明するモデル

---

2 ▶ このうち、新型コロナウィルスの影響による中途退学だと判明している学生数は1,367人である。

3 ▶ ちなみに、同じ期間で学生生活不適応・修学意欲低下による中途退学者の割合は18.3％、前年同時期比0.7ポイント増加となった。この結果については今後の詳細な調査が必要と思われるが、キャンパスに通って学生生活を謳歌するのが当然だったこれまでのスタイルを一変させなければならない状況が2020年度にはあった。そのことが学生の心理面に無視できない影を落とすことになったのではないか。こうした面での学生支援策の構築も急がれる。

4 ▶ 丸山文裕「大学退学に対する大学環境要因の影響力の分析」『教育社会学研究』第39集、1984年、pp.140-153。

③**病院モデル**：カレッジ・インパクトモデルの改良版。教育機
関の環境などと学生の個人属性を組み合わせて除退を説明
するモデル

④**チャーターリングモデル**：教育機関の環境などとその外的環
境や社会構造の関連から除退を説明するモデル

そして、丸山は文科省『学校基本調査』から、「学生／教員
比」「平均講義規模」「兼務／本務教員比」「学部規模」という4
つの変数を定義し、これらを説明変数として退学者数ないしは
退学率を被説明変数とした2つの回帰分析を行った。その結果
は2つあり、第1に「学生／教員比」が高いほど、そして「平
均講義規模」が大きいほど退学者数ないしは退学率が大きくな
る（いずれも $p<.01$）。第2に、「学部規模」が大きいほど退学
者数ないしは退学率が小さくなる（いずれも $p<.01$）、以上のこ
とを明らかにした。この結果から、丸山は日本の学生における
退学行動がカレッジ・インパクトモデルよりも、チャーターリ
ングモデルの方が適していると指摘した。

　その背後にあるのは、2つのモデルにおける学部規模の捉え
方の違いにある。カレッジ・インパクトモデルは学部規模が大
きくなるほど個々の学生が集団の中に埋没し、教員や他の学生
との交流が希薄化することでキャンパス内での居場所を失い、
結果的に退学行動につながるというものである。一方、チャー
ターリングモデルは、学部規模の大きさが多様な学生を包摂す
るカリキュラムシステムと、きめ細やかなティーチングシステ
ムを有していると見ている。その中で、学生はさまざまな経験

を経て自らの将来像を具体的に描けるようになり、結果的に退学防止につながるとしている。海外留学やインターンシップなどの学外研修、さまざまな資格講座に代表される正課外授業、そして、（上で述べた）学生の居場所を確保するようなさまざまな仕掛けなど、こうした対策が数多くの大学で行われているのはチャーターリングモデル的大学観を前提にしているからもしれない。

　一方、近年では、教学 IR 活動で集められたデータを使って除退する学生のタイプを発見しようとする研究が盛んに行われており、どちらかと言えば教育達成モデルに近い方向である。その１つとして近藤伸彦および畠中利治の研究を紹介する[5]。彼らはある大学の 2009〜13 年度に入学した新入生の学修データとさまざまな機械学習モデルを使って、除退の出現確率がどの程度の精度で予測できるかを検証している。使用データは調査期間中に入学した学生の性別、学部、入試種別、入学前課題提出頻度、新入生オリエンテーション出席頻度、１年生春学期必修科目の出席率、１年生春学期 GPA、３年生４月時点の在籍状況である。そして、比較に用いた学習モデルはロジスティック回帰、多層パーセプトロン（MLP。ニューラルネットワークの１つ）、RBF ネットワーク（ニューラルネットワークの１つ。MLP に比べて安定した学習ができると言われる）、J48（決定木モデルの１つ）、サポートベクターマシン（SVM。教師

---

5 ▶ 近藤伸彦・畠中利治「学士課程における大規模データに基づく学修状態のモデル化」『教育システム情報学会誌』第 33 巻第 2 号、2016 年、pp.94-103。

あり学習モデルの 1 つ）、AdaBoost（アンサンブル学習手法の
1 つ）である。この研究で得られた重要な結果は、1 年生春学
期の最初の 5 週間の学修状況が把握できれば約 40％、1 年生春
学期末時点での学修状況が把握できれば 50〜60％の確率で、3
年生 4 月時点の学生の在籍状況が予測できるとしている。

使用データ[6]

　上で紹介した近藤・畠中の研究を逆から解釈すると、3 年生
4 月時点で除退となる学生の特徴は入学直後から顕在化すると
いうことである。この視点は極めて重要で、彼らへの対策など
を適正かつ早期に講じれば、除退防止の有効な手段になるとい
うことである。まさに「鉄は熱いうちに打て」である。
　この視点でもう 1 つ重要なことは、除退予備軍の学習態度が
講義などへの出席状況や初年次段階の成績で把握されるという
ことである。しかし、第 1 章でも指摘したように、講義に休み
がちになる段階で除退阻止に向けて動くのはタイミングが悪く、
成績が明らかになってから動いても手遅れである。大学という
場所から逃げ出し始めた学生は追いかけるほど逃げ足が速くな
るからである。現場にとって重要なことは、逃げ出す前の段階
で発するであろうシグナルが何かということを見出すことであ
る。本章では、シートに書かれた文字情報が重要なシグナルと
なるという仮説を立て、そのサンプルとして導入講義受講者の

---

6 ▶ これ以降の分析は、桃山学院大学共同研究プロジェクト「人文・社会科学における
テキストマイニングの適用可能性」（19 共 270）における研究成果の一部である。

文字情報と除退との関連について検証していきたい。

　そのために、ここでは使用データについて解説する。

　サンプルは第3章と同じもの、すなわち2013〜7年度にかけて開講された導入講義の受講登録者489名（男子420名〔うち5名は該当の講義期間中に除退〕、女子69名）である。基礎データとして、登録者の2回生春学期末から卒業時までの学籍状況、導入講義の欠席回数（シート未提出を欠席と判断）および成績を用いた。学籍状況については2020年度春学期末時点で在籍していれば0、2回生春学期末時点で除退すれば1、以下、2回生秋学期末で2、3回生春学期末で3、秋学期末で4、4回生春学期末で5、秋学期末で6、5回生以上で7とするカテゴリー変数である。一方、登録者の成績については導入講義の成績（100点満点の素点）を使用し、彼らのGPAは使用しなかった。その理由は、各教員が直接管理する登録者の学修データのみで除退予備を見出せるかどうかを検証するためである。一方、彼らの文字情報については次のようにデータ化した。講義期間中提出された各シートの記述から名詞・動詞・形容詞をすべて数え上げ、それらの1回提出あたりの平均語彙数を計算した。そして、最終講義時のシートで書いた取り組み姿勢などに対する自己評価の記述から名詞・動詞・形容詞を数え上げ[7]、その

7 ▶ この作業はシートからテキストデータを作成し、フリーソフト「TTM」および「KH Coder」を使って品詞分解を行った。TTMを用いたテキストマイニングの手法については次の文献が詳しい。松村真宏・三浦麻子『人文・社会科学のためのテキストマイニング（改訂新版）』誠信書房、2014年。一方、KH Coderを用いたテキストマイニングの手法については次の文献が詳しい。末吉美喜『テキストマイニング入門　ExcelとKH Coderで分かるデータ分析』オーム社、2019年。

出現頻度から（次に解説する）6つの因子を抽出した。なお、シート自己評価の自由記述では名詞467語、動詞284語、形容詞60語の計811語、レポート自己評価の自由記述では名詞493語、動詞284語、形容詞51語の計828語がそれぞれあった。このうち出現頻度20以上のものを表4-2にまとめておいた。

因子の抽出

　文章を単語に分解して、それを起点にしてさまざまな解析を実行する。これを総称して**テキストマイニング**というが、本章ではシートとレポートの自己評価に関する自由記述のうち、表4-2に示した品詞を中心にして因子分析を行った。本来ならば毎回のシートの記述にもとづいて分析を行うべきだが、この講義が1話完結であって講義期間中一貫した因子を抽出しにくいことと、除退可能性の判別には講義を取り組んだ自己評価の記述の方が適していると判断したことによる。

　シート自己評価の記述に現れる単語群から3つの因子を抽出した。その結果が表4-3にまとめられている。

　第1因子は、「印象」「残る」「知る」「関連」などの単語で因子負荷量が高い。第2章で述べたように、学生の作成するシートは各ゲストの講義内容をコンパクトにまとめるのと同時に、ゲストの話で〈印象に残ったこと〉と〈講義内容に関連して知りたいこと〉への記述も要求される。他の実践において講義の感想しか書かせないミニッツペーパーなどが散見されるが、私が実践するシートでは講義内容からどれだけ想像力を膨らませ

表 4－2 ▶ 自己評価自由記述の頻出単語（出現頻度 20 回以上）

---

(1) シート

名詞：
レスポンスシート (192)　講義 (169)　ゲスト講師 (128)　自分 (121)　話 (103)　最初 (82)　内容 (79)　毎回 (72)　点数 (63)　メモ (62)　文章 (52)　力 (48)　ミス (44)　想像力 (37)　理解 (30)　最後 (29)　評価 (28)　要約 (28)　提出 (26)　部分 (25)　漢字 (24)　人 (22)

動詞：
する (410)　思う (278)　できる (204)　書く (195)　まとめる (191)　なる (127)　ある (100)　聞く (76)　書ける (73)　取る (63)　分かる (59)　取れる (57)　来る (49)　出す (45)　考える (41)　知る (37)　感じる (34)　言う (29)　忘れる (26)　付ける (25)　見る (22)　頑張る (20)

形容詞：
良い (135)　上手い (59)　ない (55)　多い (30)　難しい (25)

---

(2) レポート

名詞：
レポート (352)　講義 (120)　自分 (118)　内容 (110)　参考文献 (67)　レスポンスシート (56)　ゲスト講師 (54)　点数 (50)　要約 (43)　最初 (42)　ミス (41)　話 (38)　展開 (38)　書き方 (35)　グラフ (32)　文章 (29)　毎回 (27)　手書き (24)　コース (23)　最後 (22)　サイト (20)　力 (20)

動詞：
する (368)　思う (285)　書く (246)　できる (174)　まとめる (169)　なる (129)　ある (92)　分かる (63)　書ける (60)　調べる (58)　感じる (41)　付ける (31)　取れる (28)　やる (25)　使う (25)　見る (23)　考える (20)　持つ (20)

形容詞：
ない (330)　良い (140)　上手い (51)　多い (48)　難しい (32)

注：① （ ）は出現頻度。1 つのテキストで同一単語が複数出た場合、出た数そのままカウントしている。
　　②類似した意味を持つ複数の表現は統一している。

るかことができるかも問うている。そして、それはルーブリックを通じて成績評価に反映される（表 2－2 参照）。首尾よくシー

表4-3 ▶ シート自己評価自由記述の因子分析

	想像力因子	受講態度因子	学習習慣因子	独立性
印象	0.8978	0.0358	−0.0307	0.1917
残る	0.8913	0.0319	−0.0306	0.2037
知る	0.5837	−0.0582	0.0083	0.6559
関連	0.5753	−0.0241	−0.0119	0.6683
話	0.0716	0.7246	0.0085	0.4697
ゲスト講師	−0.0055	0.5975	0.0450	0.6410
まとめる	0.0860	0.4290	−0.0159	0.8083
聞く	−0.0333	0.3995	−0.1490	0.8171
具体的	−0.0333	0.3281	0.1709	0.8620
漢字	−0.0674	0.0509	0.7040	0.4972
ミス	−0.0558	−0.0023	0.7003	0.5065
メモ	−0.0656	0.1738	−0.3343	0.8537
取る	−0.0741	0.0978	−0.3568	0.8576
分散	2.30429	1.38198	1.28095	
説明率	0.4258	0.2554	0.2367	

注：因子抽出は主因子法、回転はバリマックス回転による

ト作成ができたかどうかは別にして、単にゲストの話を聞くだけでなく、そこからどう想像力を逞しくさせるのか。講義期間中、学生はそれを強烈に意識し続けなければならなかったはずである。そうした意識がこれらの単語に現れたのかもしれない。そこで、この因子を**想像力因子**とよぶことにする。第2因子は、「話」「ゲスト講師」「まとめる」「聞く」「具体的」などの単語で因子負荷量が高い。これも第2章で見たように、シートはルーブリック評価を経て返却されるので、少しでも手を抜くと評価に大きく響くとともに可視化される。そのため、毎回の講義に緊張感を持って臨まねばならなかったはずである。こうした意識が自己評価の文章の中に現れたと考えられる。そこで、この因子を**受講態度因子**とよぶことにする。最後に、第3因子は

147

「漢字」「ミス」「メモ」「取る」といった単語の因子負荷量が高い。表2-2にあるように、シートの評価において漢字や文法上の誤りに関するチェック項目がある。漢字や文法上のミスをシート作成途中で気づくには、日頃から文章を書いたりそれを確認する癖を身につけなければならない。それと同じで、メモを取るにも意識的に習慣づけなければ容易に身につかない。つまり、こうした単語を書いた学生はこれまでとは異なるレベルの学習習慣を身につけなければならないと意識したのだろう。そこで、この因子を**学習習慣因子**とよぶことにする。

　一方、レポート自己評価の記述に現れる単語群からは3つの因子を抽出した。その結果が表4-4にまとめられている。

　第1因子は「ミス」「漢字」で因子負荷量が高い。先の学習習慣因子と共通の言葉が含まれるが、「メモ」や「取る」といった言葉はこの因子に含まれない。レポート採点の際はシートと同様、ルーブリックには漢字・文法上のミスに関するチェック項目がある。導入講義のレポートは3人のゲストの講義内容をまとめつつ、その中からトピックを選んで自分で調べて手書きでまとめなければならない。シート作成に比べるとはるかにハードルは高いが、提出は講義期間中で4回、つまり月に1回程度のペースである。その分、1回のレポート点はシートよりも高く、漢字・文法といった基本事項のミスは点数に大きく影響する[8]。そのため、講義期間中において凡ミスを犯さないよう注意した意識が現れたものと考えられる。そこで、この因子

8 ▶ 第2章脚注12参照。

表 4 − 4 ▶ レポート自己評価自由記述の因子分析

	注意力因子	ブラッシュアップ因子	リテラシー因子	独立性
ミス	0.7255	− 0.0240	− 0.0405	0.4715
漢字	0.7203	0.0057	0.0585	0.4777
分かる	− 0.0421	0.4135	− 0.0630	0.8233
書き方	0.0010	0.3266	− 0.0619	0.8895
書ける	− 0.0321	0.3174	− 0.0206	0.8978
自分	− 0.0339	0.3058	0.1716	0.8759
最初	0.1135	0.2929	− 0.1530	0.8779
書く	0.0355	0.2876	− 0.0472	0.9138
グラフ	− 0.0985	0.2835	0.0566	0.9067
図	− 0.0581	0.2813	− 0.0063	0.9175
講義	− 0.0418	0.2626	0.1314	0.9119
内容	− 0.0739	0.1801	0.1670	0.9342
調べる	− 0.0050	0.1256	0.1240	0.9688
話	0.0574	− 0.0611	0.5781	0.6588
ゲスト講師	− 0.0009	− 0.0053	0.5772	0.6668
まとめる	− 0.0637	0.1731	0.3880	0.8155
分散	1.09090	0.95152	0.95006	
説明率	0.3626	0.3163	0.3158	

注：表 4−3 と同じ

を**注意力因子**とよぶことにする。第 2 因子は「分かる」「書き方」「書ける」などの単語で因子負荷量が高い。先述の通り導入講義のレポートは手書きで作成する。その際、自分で調べたことを「グラフ」や「図」の形でまとめることを積極的に認めている。とりわけ、経済学の授業で出されるレポート課題において、図表を駆使することでレポート内容に説得力を付与することができる。つまり、この因子はレポートをブラッシュアップする手法を意識・発見できたことへの気づきが現れたものと考えられる。そこで、この因子を**ブラッシュアップ因子**とよぶことにする。最後に、第 3 因子は「話」「ゲスト講師」「まとめ

る」の因子負荷量が高いが、これらは受講態度因子と共通している。両者の違いがあるとすればシートとレポートの文章量である。繰り返しになるが、前者は1人のゲスト講師の講義内容をまとめればいいが、後者は3名のゲスト講師の講義内容をまとめなければならない上、自分でテーマを見つけて調べた事項もまとめなければならない。この点で言えばブラッシュアップ因子と似ているが、ゲスト講師の話をまとめるというレポート作成の前提ともいえる事項、つまりレポート作成のリテラシーを改めて意識づけされたのかもしれない。そこで、この因子を**リテラシー因子**とよぶことにする。

推計結果

　以上のデータにもとづいて、ここでは**構造方程式モデル**を使った推計結果について確認する[9]。なお、上で確認した6つの因子を標準化された因子得点にした関係で、すべての変数は標準化処理している。本章の推計で使用するデータの記述統計量は表4-5にまとめられている。この表において除退、成績、欠席、名詞、動詞および形容詞の記述統計は標準化前のものである。そして、推計結果を**パス図**の形で示したものが図4-1である。ここで ε_i $(i=1,\cdots,8)$ は誤差、各矢印のそばにある数値は推計されたパス係数をそれぞれ表している。

---

9 ▶ 構造方程式モデルは共分散構造分析とも言われ、回帰分析と因子分析を組み合わせてさまざまな仮説を統計的に検証する手法である。これについては次の文献が平易である。朝野熙彦・鈴木督久・小島隆矢『入門共分散構造分析の実際』講談社、2005年。

表4−5 ▶ 記述統計量

変数	サンプル数	平均	標準偏差	最小値	最大値
除退	90	3.9222	2.2297	1	7
成績	489	56.1063	28.0542	0	98
欠席	489	3.5582	4.5679	0	14
名詞	457	48.7489	16.4506	0	129.5
動詞	457	12.0415	4.7047	0	33
形容詞	457	2.8044	1.0485	0	6
想像力因子	348	−1.15e−09	0.9534	−0.5507	7.5616
受講態度因子	348	1.41e−08	0.8181	−0.8340	3.7706
学習習慣因子	348	−2.59e−09	0.8332	−2.2614	5.5960
注意力因子	347	3.75e−09	0.8050	−0.6440	5.0060
ブラッシュアップ因子	347	−8.65e−09	0.7249	−0.8841	3.0278
リテラシー因子	347	−1.33e−08	0.7452	−1.2569	4.7843

　この図の右端の列には学生が除退した時期を表している。た
とえば、「2春末除退」とは2回生春学期末、つまり導入講義が
開講された学期末に除退したことを表している。ここからただ
ちに分かることは、今回使用したデータからは4回生以降にお
ける除退との関連性が見いだせなかったことである。

　改めて図4−1を見ると、除退に直接影響する変数は成績で
はなく欠席回数で、プラス有意（2回生秋学期末では$p<.1$、3
回生春学期末および秋学期末では$p<.01$）であった。成績は各
学期末に明らかになるが、除退する学生は成績が明らかになる
前の段階から動き始めており、それが欠席回数という形で現れ
るというのは想像に難しくない。ただし、導入講義の開講時期
である2回生春学期末に除退する学生は欠席回数と無関係であ
ることに注意しなければならない。むしろ、彼らの除退行動に
直接影響を与えているのはリテラシー因子で、プラス有意
（$p<.01$）であった。前節で見た通り、リテラシー因子はレポー

152

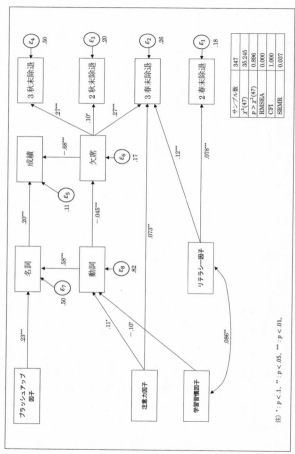

図4-1 ▶ 除退動向に関するパス図

サンプル数	347
$\chi^2(47)$	35.245
$p > \chi^2(47)$	0.896
RMSEA	0.000
CFI	1.000
SRMR	0.037

注 * : $p < .1$、** : $p < .05$、*** : $p < .01$。

ト作成に関する自己評価から抽出された因子で、課題遂行の基本リテラシーに関する意識であると解釈した。もし、この因子を好意的に解釈すれば除退にはマイナスの影響として出るはずがそうならなかった。これはなぜか?

　本来レポートは膨大な情報をコンパクトにまとめる作業を通じて完成させるものであり、これ自体は課題遂行の前提である。それを自己評価にわざわざ記述するのは、第1章で見たように、レポート作成を意欲的に取り組むモチベーションが喪失したのか、意欲的に取り組もうとしてもその方法などが分からないのか、いずれかの本音を抱いていると思われる。それをシート上で表明すれば読み手（＝担当教員）の心証を悪くするかもしれない。こうした配慮が、《漢字や文法のミスを少なくするようにした》《メモを取るようにした》などの当たり障りのない文章しか書きようがなかったのかもしれない。こう解釈するとリテラシー因子がプラス有意となった理由も納得できる。つまり、この因子の高い学生は講義に欠席するほどまで学びから逃避してはいないが、（動機はともかく）意欲的にレポート作成に取り組む心的状況ではないと解釈できよう。

　そして、こうした心的状況は持続する可能性があり、3回生春学期末に除退する行動にもプラス有意（$p<.01$）で影響を与えていたことで示唆される。一方、3回生春学期末で除退する学生は注意力因子からもプラス有意（$p<.01$）で影響を受けた。この解釈については後で述べる。

　次に、欠席回数や成績がシートに現れる品詞にどの程度影響

を受けるのかを確認する。まず、成績は名詞数の影響をプラス有意（$p<.01$）で受け、欠席回数の影響をマイナス有意（$p<.01$）で受けた。第2章でも触れたが、導入講義ではシートへの記述量が多いほどルーブリックで高い評価を与えた。そのパターンを学んだ学生はシートでたくさんの文章を書こうと意識しただろう。すると、使う名詞数も必然的に多くなり、その影響が出たと思われる。欠席回数が成績にマイナスに影響（$p<.01$）するのは自明だろう。一方、欠席回数は動詞数の影響をマイナス有意（$p<.01$）で受けた。導入講義を真面目に受講する意識の低い学生はシートやレポート作成も意欲的に取り組まないだろう。すると、文章の絶対量も少なく、必然的に動詞数が少なくなるだろう。シートの場合はルーブリックを通じて低い評価しか与えられなくなるので、そこから修学意欲が減退して欠席しがちになったと考えられる。

　最後に、シートで表れる名詞数および動詞数がどんな変数の影響を受けるのかを確認する。まず、名詞数は動詞数からプラス有意（$p<.01$）の影響を受けた。これは自明だろう。一方、名詞数はブラッシュアップ因子からプラス有意（$p<.01$）の影響を受けた。ブラッシュアップ因子はレポートの自己評価から抽出された因子だが、次のように考えられるだろう。シートはレポート作成の基礎資料となるものである。ここをしっかり作り込んでおけばレポート作成も楽になる。そうした意識がシートの名詞数にプラスの影響を及ぼしたと考えられる。そして、動詞数は注意力因子からプラス有意（$p<.1$）である一方、学習

154

習慣因子からマイナス有意（$p<.1$）の影響を受けた。注意力因子もレポートの自己評価から抽出された因子であった。レポート作成時の凡ミスを少なくするにはそのときに意識するだけではダメで、シート作成の段階でも意識しなければならない。望ましくないことだが、凡ミスの発生を最小限にするには文章量を少なくすることも方法の１つである。しかし、繰り返し強調しているように、文章量の少なさはシートの得点を引き上げることにつながらない。よって、まとまった分量のレポートの作成の練習台としてシートの文章量の多さと凡ミス回避を両立させようとしたのだろう。その結果が動詞数に反映したと考えられる。一方、学習習慣因子は、シート作成にあたりメモをこまめに取って凡ミスを回避しようとすることで学習習慣の改善を意識したものだと解釈した。もし、こうした意識で与えられた課題に取り組んだ学生ならば、シートは文章で書こうとするはずである。そう考えると、学習習慣因子は動詞数にプラスの影響を与えそうだが、そうならない理由はリテラシー因子と同様であると考えられる。すなわち、教室に行くのをやめるほど学びから逃げてはいないが、課題に積極的に取り組もうとも思えない本音がこの因子に含まれているのではないか。こう理解すると、学習習慣因子が動詞数にマイナス有意となった理由もうなずける。事実、学習習慣因子とリテラシー因子の間にプラスの相関（$p<.05$）がみられた。

　ここで、話を３回生春学期末に除退する学生が注意力因子からプラスの影響を受けた話に戻そう。注意力因子の高い学生は

シート上での名詞数や動詞数が多く、それが成績および欠席回数に好影響を及ぼすのだから、除退の可能性は低い傾向にあるはずである。それが3回生春学期末に除退する学生に直接影響するのは、まさに注意力因子のゆえかもしれない。この因子は凡ミスを犯さないような意識を表すものと解釈した。それを反映するように、凡ミスを犯さなければシートの点数はルーブリック評価を通じて高くなり、逆は逆になる。もしかすると、こうした講義の経験がその後の学生の科目評価に少なからず影響を及ぼし、何らかのミスマッチを生じさせたのかもしれない。ただ、この解釈が正しければ、それ以外の時期の除退についても何らかの影響を及ぼすと考えるのが自然であるが、そうではないという点が疑問として残されたままである。

若干の考察

　以上の結果から、除退予備軍は以下の3つの傾向にあることが見えてきた。

①シートなどで動詞数の少ない文章しか書かない学生（注意力因子の低さ、もしくは学習習慣因子の高さが影響する）

②シートなどで当たり障りない文章を書く学生（リテラシー因子、もしくは学習習慣因子の高さが影響する）

③シートなどで高評価を受ける文章を書く学生（注意力因子の高さが影響する）

　では、除退予備軍はなぜこうした因子傾向となるのだろうか。ここでは表4−1を参照しながら推測してみよう。

　注意力因子の低い学生は、大学で学ぶには学力が不足していたり、これまで学ぶ楽しさを経験してこなかったケースであり、「典型的初期（落ちこぼれ）型」に該当すると思われる。彼らは大学入学直後から学びに対するモチベーションが低い可能性が高く、授業はおろか大学で用意されているさまざまなイベントなどには見向きもしないだろう。もちろん、注意力因子が低くなるのは他にもさまざまな要因が考えられる。たとえば、学生の中には生活リズムの乱れで授業中に居眠りをしてしまい、結果的に文章が書けなくなることが考えられる。彼らは「生活リズム不安定型」の典型だろう。また、日常世界で生じるさまざまな悩みで授業に集中できないことに起因するケースもあり得る。これは「人間関係苦手型」や「貧困型」に該当するかもしれない。「生活リズム不安定型」「人間関係苦手型」「貧困型」なども入学当初はそれなりにモチベーションを持っていても、何らかのきっかけで喪失したり、維持困難となってしまうと考えられる。

　逆に、注意力因子の高い学生は授業での課題やイベントなどにも意欲的に取り組む傾向にあり、日常生活においても深刻な悩みを抱えていないと考えがちである。それが除退予備軍の候補となりえるのは、安易な進路選択によるミスマッチを引き起こしたのか、学習のレベルに不満を抱いているのか、いずれかの本音を抱えているのかもしれない。前者ならば「学科ミスマッチ型」、後者ならば「隠れ不満型」が該当すると考えられる。図４−１では注意力因子の高い学生は３回生春学期末の除退

に影響していることを踏まえると、このタイミングで除退する学生は後者の要因の方が強く作用するのかもしれない。

　一方、学習習慣因子もしくはリテラシー因子の高い学生は注意力因子が低くなる過渡的段階とも解釈できるかもしれない。しかし、彼らは学習上のハンデを克服できなかったり、学習支援を受けられていないことに起因しているかもしれず、これらは「福祉対応必要型」や留学生における「日本語能力不足型」などが該当すると考えられる。彼らは学習意欲が高いにもかかわらず授業内容についていくのが難しい可能性があり、結果的にモチベーションの維持が困難になるのではないか。また、「生活リズム不安定型」「人間関係苦手型」「貧困型」などの学生においても、自身の実態を隠すために当たり障りのない文章しか書きようがなかったのかもしれない。

　こういう視点から眺めるとき、本章のように限られたデータであっても除退予備軍の傾向は見出しうるものの、個別に直接的要因を的確に特定するのは難しいことが分かる。たしかに、欠席回数の多寡やシートなどで記述された文章で動詞数が少ないという事象は容易に観察可能である。しかし、シートなどをしっかり作り込む学生や当たり障りのない文章でシートなどを作成する学生が突然大学を去る、こうした学生たちのわずかな変化は容易に気づけない。では彼らをどう発見するのか？　これは私の経験にもとづく実感であるが、彼らは目つきや椅子の座り方が一般学生と異なる。表現は適切ではないが、目線や着座の姿勢、メモを取るタイミングなどが生意気さを醸し出す。

158

この種の異様さはすぐ発見できるので、それをきっかけに何らかの対応を取ることは可能であろう[10]。

まとめと今後の課題

　以上、本章の検討結果をまとめておこう。

　「書く」ことを意識した講義では書かなければ単位取得は難しくなる。学生は少しでも高得点が得られるように各課題に取り組まなければならない。作成上のミスは厳格に成績評価に反映されるからミスしないように注意しなければならないし、実践を通して文章をまとめるスキルをブラッシュアップさせなければならない。講義期間最後の自己評価段階ではあるが、こうした意識の欠如した学生は名詞や動詞といった語彙数の少なさで表れる。とりわけ、シートにおける動詞数の少ない学生ほど欠席回数が多く、それが除退につながるシグナルとなる。つまり、除退予備軍を早期に発見する手段の1つは、シートに代表されるミニッツペーパーを作成させたとき、動詞数が少ないことを目安にすればいい。他方、目立って文章量（とりわけ動詞数）が少ない訳ではないが当たり障りない文章に始終する学生や、意欲的に学習する学生も、状況によっては除退につながりえる。こうしたことが本章の検討で得られた結論である。

　もちろん、動詞数の少なさは除退予備軍を早期に発見できう

---

10 ▶ 少し方向は違うが、次の文献は学生のどこを見ればいいのかのヒントを発見できるかもしれない。Navarro, J. and M. Karlins, "WHAT EVERY BODY IS SAYING : An Ex-FBI Agent's Guide to Speed-Reading People" WilliamMorrow, 2008.（西田美緒子（訳）『FBI 捜査官が教える「しぐさ」の心理学』河出文庫、2012 年）

る１つのきっかけに過ぎず、そうなった要因までは分からない。当然のことながら早期発見から次のステップに進むには、教職員はもちろんのこと学生も関与させる仕組み作りが必要となるであろう。

　繰り返しになるが、大学は除退者を生み出さないようにラーニング・コモンズなどの居場所を作り、学習のモチベーションを維持させるべくさまざまなイベントを企画し、リメディアル科目開講などの必要な学習支援を行い、奨学金などの経済的支援を行う。こうした網から抜け落ちてしまいそうな学生をいかに早期発見するか、その目安を日々の講義実践の中で欠席や成績以外の指標でどう見出すか。本章ではシートの語彙数からアプローチしたが、他の指標があり得るのは言うまでもない。その一例がファッションである。突然ヘアスタイルが変わる、服装の傾向が変わる、持ち物が変わる。一連の変化は人間関係を中心とする周囲の環境変化に起因することが大きく、それがファッションを端緒にさまざまな形で表出する。これをどう把握して今後の除退対策のアイデアに反映させるか、これが今後の大学運営にとっても重要な課題である。

　本章の分析対象となったサンプルは導入講義の受講登録者であり、前章で見た通り、基本演習を通じた専門演習の積極的選択を促すための科目であった。ここには専門演習の選択を媒介にした学びのきっかけを与える意図もあった。本章では、何らかの原因で学びから逃げて除退につながりうる予備軍を見出す要素について検討してきたが、学びのきっかけという意味では

別の指標との関連も検討しうる。たとえば、在学中における海外留学経験の有無が考えられる。また、卒業後の進路に何らかの影響があるかもしれない。これらに関する学生の行動データと本章で使用したデータを組み合わせれば、学生の行動に対する新たな視点を獲得できるかもしれない。

第5章 ＜＜＜＜＜＜＜＜＜＜＜＜＜＜＜＜＜＜＜＜＜＜＜＜＜＜
座学vs.アクティブラーニングという
図式に終止符を

はじめに

　前章では、導入講義の受講登録者を対象に、シートで書かれた自己評価の文章をデータ化し、その語彙数および内容が学生の除退予測に利用可能かどうかを検証した。その結果、文章は除退予備軍を発見するのに有効なデータになりえることを明らかにした。

　どこの世界もそうだろうが、新たな手法が開発されるとこれまでの手法が全否定される傾向にある[1]。今の教育業界におけるALの位置づけはまさにそうで、《座学の時代は終わった！》と声高に主張する教員もいるくらいである。中でも初等および中等教育への影響力は大きいようで、《ALをするように！》と業務命令が出るそうだ。上からの命令がなければ動かなかったり、お尻に火がつかなければ重い腰を上げないのは日本人特有の気質なのかもしれない。しかし、それなりに教授手法のノウハウをもつ教員にとっては、ALの強制的導入でこれまでのノ

---

1 ▶ 小針誠は、今の教育制度が始まる明治期以降におけるALの議論や実践例を丹念に検証している。その中で、(時代によって目的や手法は異なるが) 座学とALの間を (1) 批判、(2) 実践、(3) 形骸化、という主張が往復されていることを指摘している。小針誠『アクティブラーニング　学校教育の理想と現実』講談社現代新書、2018年。

162

ウハウすべてを放棄しなければならないのは辛い話だ。それ以前に、AL は「座学 vs.AL」という構図で語られるように対立する概念なのだろうか。

　この疑問は、溝上慎一の**アクティブラーニング型授業**（以下、AL 型講義と略記）という概念が明快に答えてくれる[2]。彼によれば、AL は授業を受講する者の学習形態の 1 つを表す概念であって、教員の教授手法などをも含んだ概念ではない。大学の授業形態の 1 つである演習や実習では AL が日常的に行われている。そこでのノウハウをそのまま講義に持ち込むことは難しいだろうが、1 回の講義中、あるいは学期中のどこかのタイミングで AL 的要素を取り入れることは可能だろう。こうした授業デザインあるいはコースデザインに関わる部分を、AL 型講義の**戦略**（以下、AL 戦略と略記）と溝上はよんでいる。さらに、彼はグループ・ワークやディベートのように AL の実践に関わる部分を、AL 型講義の**技法**（以下、AL 技法と略記）とよんでいる。こう考えると、第 1 章で紹介したさまざまなシートは AL 技法、その運用方法（第 2 章で検討したルーブリック評価の採用など）は AL 戦略の話だった訳である。

　とはいえ、シートは与えられたコースデザインのもとで受講生を講義に集中させる仕掛けの 1 つに過ぎず、これまで AL 型講義をゼロから設計する機会がなかった。そんな折、現職教諭に対する教員免許状更新講習（以下、更新講習と略記）の選択

---

2 ▶ 溝上、前掲書、p.14、および「さまざまなアクティブラーニング型授業」（pp.67-101）参照。

科目を担当する機会に恵まれた。そこで、冒頭で述べた疑問に一定の解答を得ようとゼロから講義を設計・実践した。更新講習の実践報告は数多く蓄積されているが、本章もその1つとして構成される。

講義の射程

　私が更新講習の担当教員を引き受けた時点で、溝上の言うAL型講義を実践してみようと考えていた。そこには2つの狙いがあった。

(1) ALが座学と対立する概念でないことを現職教諭に理解してもらうこと：

　冒頭の疑問にいきなり解答しているが、いくら教員・教諭が周到にAL戦略を練り、AL技法を張りめぐらせても、学生・生徒・児童が意図通りついてこなければ意味をなさない。彼らが教員・教諭の意図通り動く段階にまで成長するには、序章および第1章で見たように学力が必要で、その獲得にはある程度座学の力を援用しなければならない。とはいえ、大学教員に限らず、初等・中等教育の教諭までもがALに警戒心を抱くのにはそれなりの事情がある。

　文科省は2016年12月の中教審による最終答申[3]を受け、2017年3月31日に幼稚園・小学校・中学校の『要領』改訂を公示した。これは1年間の周知徹底を経て2018年度に幼稚園で

---

3 ▶ 中央教育審議会「幼稚園、小学校、中学校、高等学校及び特別支援学校の学習指導要領等の改善及び必要な方策等について」文部科学省、2016年12月。

全面実施、小学校においては周知徹底 1 年と 2 年間の移行期間を経て 2020 年度全面実施、中学校においては周知徹底 1 年と 3 年間の移行期間を経て 2021 年度完全実施される。一方、高等学校に関しては『要領』改訂が 2018 年 3 月 30 日に公示され、中学校と同じ経過措置を経て 2022 年度に全面実施の方向で動いている。今回の『要領』全面改訂において、「学力の 3 要素」を実現するための「主体的・対話的で深い学び」を追求することが明記（第 2 章参照）され、その実践手段としての AL の導入が義務づけられた。

　従来から幼稚園や小学校前半における教育現場では、さまざまな形で AL 的な授業実践がなされている。それが小学校後半から徐々に座学による授業が増え、中学校以降になるとほとんど座学による授業となる。その中で、今回の改訂で幼稚園や小学校教諭は《普段の授業と AL は何が違うのか？》と感じるのは自然なことだろう。彼らに対しては《座学的要素と AL の接続を意識するだけでいい》と伝えることで、AL というプレッシャーを軽くできるのではないかと考えた。一方、中学校や高校教諭は、《座学による授業が隙間なく埋まっている現状でどこに AL を入れるのか？》と感じてしまうのも致し方ないだろう。彼らに対しては、《段階を踏んで少しずつ AL 的要素を入れていけばいい》と伝えることで、AL というプレッシャーを軽くできるのではないかと考えた。

(2)　AL 型講義は工夫次第で自在に展開可能だと理解してもらうこと：

詳細は下で述べるが、本章で報告する更新講習における AL 型講義の素材に選んだのが「歌詞」である。生徒・児童はもちろんのこと、指導する教諭にとっても馴染みのある歌詞は AL のための基礎資料として立派な教材になる。これを受講者の立場で現職教諭が実践することで、新たな教材開発のヒントをつかめるのではないかと考えた。

　現職教諭が AL と聞くと、《ICT を駆使しないと》《データを駆使しないと》と尻込みするケースが意外と多い。事実、文科省から実施を定められている更新講習の事前アンケートを見ると、受講者たちの PC やデータの扱いに対する不安と、この講習で関連スキルを身につけたいと希望する記述が多い（表5－1参照）。だが、ICT やデータは、AL に限らず授業を通じて受講者に必要な情報・知識をより効率的に伝達・共有するツールでしかない。溝上が指摘するように、AL はあくまでも学習者の学習形態の1つであって、現場で使用するツールの有無やその操作の習熟度は、AL を実践するための必要条件でも十分条件でもない。ツールがないならないなりに、学習者に学習活動の刺激となるべくあらゆる工夫を凝らせばいい。これを受講者の立場で現職教諭が実践することで、柔軟な発想で授業デザインを設計するヒントをつかめるのではないかと考えた。

講義デザイン

　前章で使用したテキストマイニングの影響力はすごく、近年、歌詞の自動生成アプリが開発され、無料で利用できるように

表5-1 ▶ 更新講習事前アンケート

単位：人（複数回答）

問1 この講習の受講希望理由を教えてください。

データを AL（を含めた教育実践）にどう活かせるかが興味ある	12
AL について深く知りたい	9
「データを作る」という作業がまったく想像つかない	8
「ないものを作る」ところに興味をもった	8
「調べる」という行為を有意義なものにしたい	8
教育実践の深化を目指そうと思った	8
データ作りに興味がある	8
AL を幼稚園でどう活かせるか学びたい	7
AL がどんな学習方法なのか分からない	5
データ作りが苦手なのでスキルアップさせたい	5
データの活用方法を学びたい	4
PC に触れ取り入れる機会を作りたい	4
歌詞作りを体験してみたい	4
AL に興味あり	3

問2 この講習に期待すること・ご要望を教えてください。

AL への知識を少しでも増やしたい	19
教育現場で使えるスキルが少しでも身につけば	14
AL の幼稚園での指導内容やコツを知りたい	12
初心者でも分かるように易しく教えてほしい	11
PC が苦手な私でも実際の授業などでどのように活かせるか	11
データを作り出すコツを知りたい	9
教科にどのように活かせるか	7
データ作りをすることによって得られるものや活用方法を学びたい	5
歌詞を作るのが楽しそう	5
グループ活動がしたい	4
小学校での授業で活用できる形で教えてほしい	3

なっている。話は逸れるが、そのシステム開発研究の１つである渡邊研斗ほかの研究について、図５-１を見ながら少し触れておこう[4]。それをヒントにして、更新講習のために設計した講義の概要について説明する。

　歌詞の典型的構造は１番・２番・３番……と「コーラス」が並ぶ。各コーラスに注目すると、そこにはＡメロ・Ｂメロ・サビとよばれる「ブロック」が並んでいる。さらに各ブロックに注目すると、そこはいくつかの「行」で構成され、各行にはいくつかの「フレーズ」が並ぶ。さらに言えば、（図に示していないが）各フレーズは「単語」によって構成される。こうしていくつもの歌詞を単語にまで分解してデータベースを構築し、ある単語（テーマ）を入れれば、ＡＩ（人工知能）の演算を通じて歌詞が自動生成される仕組みになっている[5]。この流れをＡＬで実践するとするならば、少なくとも以下の手順を踏まなければならないと考えた。

（１）　たくさんの歌詞に触れつつそれを単語に分解する。以下、
　　　この作業を【細分化】とよぶことにする。

---

4 ▶ 渡邊研斗・松林優一郎・乾健太郎・後藤真孝「大局的な構造を考慮した歌詞自動生成システムの提案」『言語処理学会第 20 回年次大会発表論文集』2014 年、pp.694-697。

5 ▶ 無論、実際に歌詞を自動生成するとすれば、歌詞に含まれる統一的テーマが明瞭でなければならないし、各フレーズなどがテーマに即した具体的な状況・心象・メッセージなどを的確に表現できていなければならない。さらに、メロディが先行して存在するのであれば、そのメロディの文節単位（モーラ）に合った単語を選択しなければならない。渡邊ほか同上論文、および渡邊研斗・松林優一郎・乾健太郎・中野倫靖・深山覚・後藤真孝「LyriSys：歌詞の大局的構造に基づいた作詞支援インターフェース」日本ソフトウェア科学会インタラクティブシステムとソフトウェア研究会（WISS）2015 年度ワークショップ報告論文、2015 年。

図 5−1 ▶ 歌詞の大まかな構造

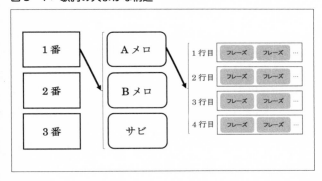

(2) (1) で分けた単語群から歌詞のテーマやキーワードになる
　　ものを選ぶ。以下、この作業を【**抽出**】とよぶことにする。
(3) (2) で選んだ単語を使って歌詞を作り出す。以下、この作
　　業を【**再構成**】とよぶことにする。
　ところで、更新講習は 2007 年 6 月の教員免許法改正を受けて
2009 年 4 月から実施されているもので、現在は必修領域 6 時間
以上、選択必修領域 6 時間以上、選択領域 18 時間以上の計 30
時間以上の講習受講が現職教諭に義務づけられている（しかし、
2021 年 7 月時点で、更新講習の廃止が検討され始めている）。
私が担当したのは選択領域 6 時間分である。これを大学と同様
1 コマ 90 分の講義に分割し、4 コマ連続開講する形にして 1 日
で完結させることにした。4 コマの講義のどのタイミングで上
記【細分化】【抽出】【再構成】の各作業を挿入するかを念頭に

入れつつ、以下のように講義をデザインしてみた。

　1コマ目：座学。データの構成要素を解説しつつ、講習のメインテーマである歌詞もデータであることを説明する。それとともに、今後の作業手順についても説明する。

　2コマ目：グループ・ワーク。1グループに1冊用意された『うたほん』や受講者の持つ携帯端末を使って歌詞を検索し、それを名詞・動詞・形容詞に【細分化】する。細分化した各単語は1つずつカードに記入し、名詞・動詞・形容詞と書かれた封筒の中に入れる。以下、この封筒を〈歌詞データベース〉とよぶことにする。

　3コマ目：グループ・ワーク。講義冒頭に作成する歌詞のテーマと使用するキーワードを〈歌詞データベース〉から【抽出】する。そこから骨格となる状況やストーリーをグループで話し合い、歌詞を作成することで【再構成】する。完成した歌詞は模造紙に書き、それを講習会場内の壁に張り出す。

　4コマ目：座学。講義冒頭に完成した歌詞を受講者全員で鑑賞する。その後、今回の体験を通じて AL 実践のポイントになるであろう事項について解説する。

　グループ・ワークは AL 技法の典型である。AL と聞けば、ともすれば AL 技法の実践で終わってしまいがちだが、その技法を使うことの狙いや具体的な作業手順などは、事前に時間をかけて受講者に説明する必要がある。それと同時に、講義を通じて何が解明できて何が未解明のままなのか。また、これらの

ことが次の段階にどのようにつながるのか。こうしたことを振り返るには時間をかける必要がある。時間をかけて予備知識を伝えたり、振り返ったりするには、やはり座学的要素を用いて取り組んだ方が効率がいい。こう考えると、AL 型講義とは AL 技法と座学の組み合わせで成り立っており、それを扱う素材を踏まえつつどう設計するのか、これを考えるのが AL 戦略なのだということが改めて理解できる。

運営上のポイント

本章で報告する更新講習は 2018 年 8 月に行われた。その定員を 40 名で募集を行ったところ、倍以上の 91 名の受講者が集まった。その内訳は幼稚園・保育園・保育所・認定こども園勤務 36 名、小学校勤務 31 名、中学校勤務 16 名、高校勤務 5 名、支援学校勤務 3 名であった。バラエティに富んだ受講者たちとともに AL 型講義を進めるにあたっては、以下の 4 つの点に注意した[6]。

(1) グループ編成

1 回限りの講習とはいえ、グループ・ワークを実施するにあたってどういうメンバー構成にするかは極めて重要である。この講習が現職教諭の交流の場でもあることを勘案して、受講者を勤続年数でベテラン（20 年以上）、中堅（5 年以上 20 年未満）、

---

6 ▶ AL の成功事例は数多くあるが、失敗事例から学ぶことも重要だと思われる。溝上慎一（監修）・亀倉正彦『失敗事例から学ぶ大学でのアクティブラーニング』東信堂、2016 年。

若手（5年未満）と便宜的に分け、各世代がグループ内に必ず入るように調整した。ただし、1グループの人数は4名を上限とした。経験上、1グループ5名以上にすると各メンバーの作業密度に差が生まれてしまい、成果がうまく出せなくなる可能性があるためである。そのため、できた23グループのうち1グループだけが3名で、残りすべては4名構成となった。もちろん、グループメンバーは講習中一貫して同じテーブルに座るようにした。それと同時に、適宜、補助の学生数名をグループの中に配置した。

　そして、メンバー間の関係性構築のきっかけ作りとして、1コマ目の冒頭に**吹き出しシート**（図5-2参照）という用紙を

図5-2 ▶ 吹き出しシート

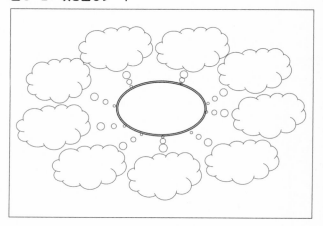

使って自己紹介する時間を設けた。このシートの中央にある
「楕円」に自分の名前（当日よんで欲しいニックネーム）を書
き、周囲にいくつかある「吹き出し」に自分自身を語るキー
ワードを一定時間（2分間が目安）で記入してもらう。その後、
グループ内でこのシートを見せながら、自分自身について一定
時間（1分間が目安）で語ってもらう[7]。こうしたアイスブレイ
クをきっかけにすることも、グループ作りの上では重要なポイ
ントとなる。

(2) 手作業を入れる

　ICT 活用という観点から言えば、歌詞を品詞分解する際に
PC を利用した方がいいのだろうが、講習会場の都合で細分化
の作業をすべて手作業で行ってもらった。これは ICT 環境が
整わなくても活動自体は実践可能であることと、普段使ってい
る語法の誤りに気づく機会を与えることで、AL が獲得した知
識が正確に定着できているかを確認する場であることを理解し
てもらう意味合いもある。また、本書の文脈で言えば、「書
く」活動を挿入することで、その重要性を再確認してもらう狙
いもある。

(3) ゲーム性を入れる

　実際の歌詞作成において、テーマおよびキーワードの設定は
以下の手順で行った。

---

[7] ▶ 吹き出しシートは、株式会社リアセック（http://www.riasec.co.jp/）主催の AL
体験ワークショップに私が参加した際に使用されていたものである。初対面の者同
士がグループ・ワークに取り組む際の潤滑油に活用できると思い、今回の実践に取り
入れた。

- テーマ設定は、2コマ目に作った〈歌詞データベース〉から名詞・動詞・形容詞のカードを1枚ずつ無作為に選んで短文を作る。
- キーワード設定は、〈歌詞データベース〉から名詞のカード5枚を無作為に選ぶ。

無作為にテーマとキーワードを選ばなければならないドキドキ感やワクワク感、思いもよらぬテーマやキーワードが出てきたときの絶望感、それでも歌詞を作らねばならない義務感。こうした感情の揺れが、ストーリー作りや歌詞へ落とし込む作業のきっかけになることを意図してのことである。

(4) 成果物を形に残す

今回の作業の到達点は歌詞を自作することであるが、先述の通り、それを模造紙に書いて会場内の壁に張り出した。こうして仕上がった成果を何らかの形で残して受講生全員で鑑賞・比較する。これによって作業の達成感が得られるし、振り返り作業の際に考えるポイントを与えてくれることを意図してのことである。

実践成果の概要

以上の諸事項を踏まえて、ここでは実際に行われた講習の成果について紹介する。

(1)〈歌詞データベース〉作り:

最初に、〈歌詞データベース〉作成にあたっては以下の基本ルールを設定した。

①検索する歌詞のジャンルはある程度絞っておく。

②外国語の単語やフレーズは拾わない。

③単語をできるだけたくさん集める。

④動詞や形容詞は原形で集める。

　品詞を集めるだけであれば、歌のジャンルはそこまでこだわる必要はない。しかし、①を設定したのは、グループで同じ作業をすることで一体感を醸し出せることと、ジャンルごとの使用単語の比較を可能にする（これをメインテーマにした AL 型講義の設計は可能）ことを狙ってのことである。今回の講習では、「昭和歌謡」「応援ソング」「夏うた」などのジャンルを絞って検索したグループもあれば、『嵐』『Mr. Children』『サザンオールスターズ』といった 1 アーティストに絞ったグループもあった。なお、講習終了後〈歌詞データベース〉を回収して集計した結果、全 23 グループが集めた品詞数は名詞 1,478 語、動詞 953 語、形容詞 205 語の計 2,636 語あった[8]。このうち、出現頻度 20 を超える品詞について表 5−2 にまとめておいた。②については、アルファベットに代表される日本語以外の言語で表記された単語は極力拾わないということである。歌詞作成にあたって難しい要素を極力排除したいためである。③は、〈歌詞データベース〉に入れる単語が多いほど、選ばれるテーマおよびキーワードの組み合わせの可能性を広げられるためである。

---

[8] ▶ この数は④を守れていなかったカードは原形に戻し、品詞の認識ミスや封筒への入れミスをしたカードなどをすべて調整した後のものである。

表5-2 ▶ 歌詞データベース頻出単語（出現頻度20以上）

名詞：

心 (40)　君 (38)　夢 (38)　風 (36)　涙 (36)　空 (33)　胸 (31)　愛 (29)

言葉 (29)　世界 (28)　光 (26)　笑顔 (25)　手 (25)　夏 (25)　明日 (24)

夜 (24)　恋 (22)　人 (21)　瞳 (21)　道 (21)　あなた (20)　未来 (20)

目 (20)

動詞：

忘れる (31)　歩く (30)　輝く (29)　笑う (29)　消える (28)　泣く (26)

願う (26)　生きる (24)　見る (23)　待つ (22)　思う (21)　想う (21)

来る (21)　信じる (21)　変わる (20)　繋ぐ (20)　眠る (20)

形容詞：

遠い (29)　優しい (27)　悲しい (26)　強い (23)　切ない (22)　眩しい (21)

注：① （　）内は出現頻度である。
　　②表現揺れなどは統一してある

(2) 作品紹介：

　選んだ名詞・動詞・形容詞からテーマを定め、別に選んだ5
つの名詞をキーワードとして必ず使って歌詞を作成する。実際
の作成にあたってのルールはこれだけで、どんな状況設定でど
んなストーリーとするか、これはグループメンバー間での話し
合いですべて決めてもらった。通常専門書やワークショップで
は、グループ・ワーク活動におけるリーダーやサブリーダーの
役割が重要だと強調されるが、今回はこの点について一切指示
しなかった。また、歌詞は図5-1にあるような複数のコーラ
ス、複数のメロディがあることを一応の完成形としたが、時間
の兼ね合いもあって最低限1コーラス分を作成できればいいこ
とにした。こうしてできた作品の中で秀逸なものをサンプルと
して図5-3に示しておく。

図 5-3 ▶ 実際に作られた歌詞

テーマ	（名詞）宇宙 　（動詞）守る 　（形容詞）浅い
キーワード	街　魔法　くちびる　故郷　足

1. いつも行き慣れた街のスーパー
　今日突然 ママにお使いを頼まれた
　たまご パン キウイ それからハム
　何度も唱える まちがえない
　だって もう４才だもん

　　困った時はママの魔法の言葉
　　「アクティブ！アクティブ！」
　　くちびるをとがらせて さぁ言おう

2. 頭に帽子 足にはお気に入りのくつ
　いつもより近道とおっちゃえ
　たまご パン キウイ それからハム
　何度も唱える まちがえない
　だって もう４才だもん

　　困った時はママの魔法の言葉
　　「アクティブ！アクティブ！」
　　くちびるをとがらせて さぁ言おう

3. もうすぐぼくの故郷 (おうち)
　　　　　　　　　　いっぱいの袋
　ママ 早く会いたいな
　ぼく ちゃんとできたよ
　たまご パン きゅうり それからハム
　何度も唱える まちがえない
　だって もう４才だもん

　　困った時はママの魔法の言葉
　　「アクティブ！アクティブ！」
　　いつでも ぼくが 守ってあげる
　　くちびるをとがらせて さぁ言おう

　　以下は、グループ・ワーク中に行った机間巡視の際に直接聞いた話である。このグループのテーマは「宇宙」「守る」「浅い」の単語から【守るべき浅い宇宙】とした。メンバーの大半が子育て世代ということで、子育て話をする中で《子どもにとれば近所のスーパーでも宇宙だろう》ということになり、「はじめてのお使い」をテーマに子ども目線で歌詞を作ったようだ。

《何度も唱える　まちがえない》と言いながら「キウイ」と「きゅうり」を間違えたり、くちびるをとがらせて言う魔法の言葉が「アクティブ！アクティブ！」と作者自ら言い聞かせるようなフレーズ。テーマからイメージを存分に膨らませながら、言葉遊びをさり気なく混ぜ込む。90分弱という短時間でここまでの作品を仕上げたのには驚くばかりである。

事後課題のテキストマイニング

　更新講習では、その最後に試験やレポートなどの課題を実施することが義務づけられている。今回の講習において受講者には4つの設問について小レポートを書いてもらった。以下では、このうち2つの設問に関する回答をもとにテキストマイニングを通じて分析してみた。

(1) 講習内容を再現する際の重点項目

　1つ目の質問は、「この講習内容を仮に自身の教育現場で再現するならばどこを一番意識しますか？」というもので、受講者の記述から名詞500語、動詞209語、形容詞23語の計732語が得られた。ここから各単語の出現頻度や出現類似度などから共起ネットワークを作図した。その結果は図5−4に示されており、これを見れば、7つのグループに区分される。

　まず①グループは、子どもたちのグループ分けに関するものである。【細分化】【抽出】【再構成】という作業を行うにしても、実際に作業する子どもたちの発達段階の個人差が大きいため、より細やかな調整をしなければならない。この調整の中に

図 5−4 ▶ 更新講習事後課題の共起ネットワーク

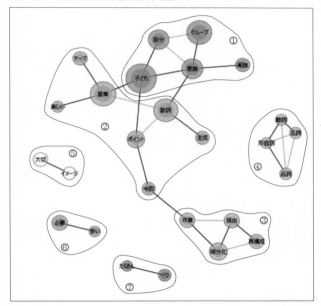

は、グループを作る際のメンバー間の関係性への配慮も含まれる。また、支援学校などで実践するならば、他の教諭との連携も必須となるだろう。②グループは、分解した品詞から歌詞生成する際、その作業をどのように楽しく行わせるかに関するものである。日本語に関する理解がある程度あれば、歌詞生成という最終目標に向けて粛々と作業できるだろう。だが、日本語

の理解が未成熟な子どもたちには、今やっている作業の目的が
どういう形で結実するかまでは想定できないだろう。そこで、
1つ1つの作業に楽しさを持たせることで作業を継続させるこ
とができる。③グループは、本章の実践における作業手順に関
するものである。AL実践において、子どもたちに主体的に活
動させるよう指導するのは実は相当難しい。そこで、たとえば
【細分化】【抽出】【再構成】という形で作業工程を明確にすれ
ば指導の方向も明確にできる。

　なお、これら3つのグループは明確に区分できるものではな
いだろう。それはある単語、たとえば①グループの「子ども」
と②グループの「言葉」「ポイント」、②グループの「今回」が
③グループの「作業」とそれぞれ共起関係があるからである。
その意味で、ALの実践にあたって、〈グループ分け〉〈楽しい
作業〉〈作業工程の明確化〉は1つのまとまりとして考えねば
ならないと理解できよう。

　一方、④グループは品詞分解に関するものである。受講者た
ちは歌詞から品詞分解するのに案外苦慮していた。この経験か
ら日本語の特徴に気づき、それを子どもたちにも気づいて欲し
いと意識したのだろう。⑤グループは、グループ・ワークを通
じた想像力に関するものである。ある素材から別なものを作り
出す、そこには想像力が大きく作用する。学齢の低い子どもほ
ど想像力は豊かで、教師の思いもよらない発想をしがちである。
ただ、それを抑制させる方向で指導すれば子どもたちの想像力
は育たない。その意味で、この点は指導する上での注意点の1

つである。⑥および⑦グループは、どちらかと言えば今回の
AL 実践を通じた実感を反映したものである。たとえば、⑥グ
ループは AL を実践するにあたって注意が必要な事項が多いこ
と、そして、⑦グループは 1 つの AL の体験でたくさんのこと
を学べることである。その意味で、④〜⑦グループは AL の経
験を通じて子どもたちに感じて欲しいことへの意識だと言える。

(2) 講習での気づき

　もう 1 つの質問は、「この講習で発見できたことを少なくと
も 1 点を、理由とともにお答えください」というもので、受講
者の記述から名詞488語、動詞186語、形容詞28語の計702語
が得られた。ここから図5−4と同様に共起ネットワークを作
図した。その結果は図5−5に示されており、これを見れば、6
つのグループに区分される。

　まず①グループは、今回の AL の体験を通じてその運営面で
発見できたことに関するもので、図5−4との関連で言えば
〈グループ分け〉と〈作業工程の明確化〉が重要であると気づ
いたようである。②は今回の AL で使用した素材に関するもの
である。歌詞の中に含まれる形容詞数が名詞数よりもかなり少
ない。こうした日本語の特徴に気づいたようである。ただ、こ
うした特徴も、とりわけ〈作業工程の明確化〉を通じて明らか
になっているという意味では、両グループはひとまとまりと考
えることができよう。実際①グループの「抽出」と②グループ
の「全く」に共起関係があったことからも確認できる。

　次に③グループは教授方法に関するものである。AL の重要

図5−5 ▶ 更新講習事後課題の共起ネットワーク（つづき）

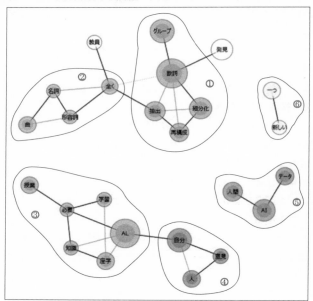

性が喧伝される中、現場教諭は座学中心の今のすべての授業を
ALに変更しなければならないと思いがちである。だが、今回
の実践を通じて、（後で述べるように）両者は教授活動におい
て両輪の関係にあることに気づいたのかもしれない。④グルー
プはALでやるべきことに関するものである。ALの実践では
グループ・ワークを行うのが通常だが、そこにおいてさまざま

な意見のやり取りがなされる。ここを抑制しては子どもたちの創造性は培われない。このことに気づいたのであろう。なお、③グループの「AL」と④グループの「自分」と共起関係にあることから、両グループは 1 まとめに捉えるといいだろう。

　一方、⑤グループは AI やデータに関するものである。データとは数字で記述されるものと考えがちだが、本章の実践において各グループで作成した〈歌詞データベース〉はデータセットの 1 つである。AI が歌詞を生成するなら演算を通じてなされるが、同じデータセットならば同じテーマから類似した歌詞が生成される傾向にある。だが、複数の人間が話し合いを通じて歌詞を生成するなら、想像力によって思いもよらない単語の連接ができうる。ここが AI との差異であり、この点に気づいたのであろう。最後に、⑥グループは AL の成果に関するものである。AL の成果に関する理想形の 1 つは新たな知見の獲得、本章の実践では新たな歌詞生成であるが、ここで 1 つ経験できたことはさまざまな課題に応用可能なものである。知識とはその活用方法を学べば他の分野でも活用でき、こうした点に気づいたのであろう。

若干の考察とまとめ

　以上、ここまで私が現職教諭に対して実践してきた更新講習について報告をしてきた。本章をまとめるにあたって、改めて AL と座学の関係について考察しておこう。

　教員・教諭が学生・生徒・児童に質問を投げかけるとき、求

める解答によって **Closed-end 型**と **Open-end 型**というタイプに分類される。前者は1つの正答を誘導するための質問で、たとえば《日本で保有される金融資産の残高は？》という形式が典型である。後者は解答が複数ありえることを許容した質問で、たとえば《日本で保有される金融資産のうち、半分以上が現預金で運用されるのはなぜか？》という形式が典型である。このとき、Closed-end 型の解答を求めるために AL を実践してもすぐ正しい解答に到達してしまい、あえて AL で実践することの意義をどこに見出せばいいのか分からなくなることが容易に想像つく。Closed-end 型で求められる解答はどちらかというと定義・約束事といった基本事項に該当するものが多く、それを教授するには座学の方がはるかに効率的である。一方、Open-end 型の解答を座学で伝えたら質問を発した意図が霧散してしまうことは容易に想像つく。AL において Open-end 型の質問を投げかけることの意図は、一定の解答を学生自らの力で導き出すことを求めるのはもちろんのこと、それを得るための彼らによるあらゆる活動、すなわち調べ、説明するためにどう順序立てればいいかを考え、ときにはクラスメイトと議論をし、それを何らかの形に集約する。これらを一定程度経験させることの方に力点がおかれる。その意味で、発する質問によって、適した教授手法に違いがあるということである。

　AL を実践する際、発する質問や設定する単元テーマは Open-end 型が適している。本章の実践でいえば、歌詞作成がこれに該当する。しかし、予備知識がない状態でゼロから歌詞

作成は事実上不可能である。上で述べたように、日本語の品詞
分類や文法などを事前に知っておく必要がある。知っているか
らこそ〈歌詞データベース〉の作成ができたし、そこから抽出
したキーワードからイメージを膨らませて歌詞を完成させるこ
とができた。つまり、言語の品詞や文法は基本事項にあたり、
それを獲得するのは座学の方が適している。その意味で、AL
を首尾よく運営するには座学中心の知識獲得を前提とすること、
すなわち「座学→ AL」という関係が必要なのである。

　知識は獲得するだけでは不十分なのは言うまでもなく、必要
に応じて適切に利用できなければならない。獲得した知識を十
分活用できるか、それを確認する場が AL である。当然のこと
ながら、AL で知識が利用できることを確認できたら終わりで
はない。AL で求める解答は Open-end 型が基本であるから、
ある解答に到達しても次の知識獲得の必要性が明らかになるか
もしれないし、別な解答の可能性を検証する必要性が明らかに
なるかもしれない。それ以前に、獲得したと思っていた知識に
抜けている部分があることを発見するかもしれない。こうした
気づきや発想の転換は、次の座学を意欲的に取り組むきっかけ
に十分なりえる。すなわち、「AL →座学」という関係も成り立
つ。この議論は、座学と AL に相互関係性があることを示唆し
ている。序章でも見たように、これは学力と AL の相互関係性
と対応していると言える。

　もちろん、「座学 = Closed-end な解答」「AL = Open-end な
解答」という図式が常時有効だとは限らない。たとえば、座学

であえて Open-end 的な複数の解答可能性を示しておき、その中からどれを選択するかを AL で確認することで、Closed-end 型の解答に誘導する、すなわち反転授業（第 2 章参照）的要素を取り入れることも可能である。重要なのはどういう講義デザインにするか、すなわちどういう AL 戦略を立案するかである。そこには分野・単元・教材はもちろんのこと、教員・教諭のキャラクターやセンスによって何通りも可能性がある。そして、この戦略の実施にあたってどういう AL 技法で実践するかについてもどれを採用してもよく、グループ・ワークもシートも AL 型講義の実践としては有効な手段である。大事なのは、講義あるいは学部・学科のカリキュラムを通じて知識獲得とその活用をどう落とし込むかである。その意味において、座学と AL は対立する概念ではなく、両者を往復することで学生・生徒・児童に知識の獲得および活用を促す両輪なのである[9]。

---

9 ▶ 知識の獲得を「内化」、試験やグループ・ワークなどでそれを表現するのを「外化」とよべば、AL は両者の往復でさらに進んだ**ディープ・アクティブラーニング**になるとの主張がある。これまでは AL はグループ・ワークなどを《やればいい》という認識であったものを、知識の獲得・活用の両面で内実を深めようという意図がある。松下佳代「ディープ・アクティブラーニングへの誘い」松下佳代ほか（編）、前掲書、pp.1-27。

大学で身につけるべきスキルとは何か？

はじめに

　前章では現職教諭対象の更新講習において、グループ・ワークを主軸にした AL 型講義をゼロから設計・実践し、その報告を中心にまとめてきた。そして、講習後に実施した小レポートの記述に関するテキストマイニングを行い、AL を実践する上で考慮すべきことと期待できることを指摘してきた。これを踏まえつつ、これまでの各章において得られたことについて、かいつまんでまとめておこう。

　すべての学生・生徒が主体的かつ意欲的に「書く」活動に取り組んでくれれば問題ないが、とりわけユニバーサル段階に突入した大学ではその保証がない。ボリュームゾーンが多数集まる中堅私学では、中等教育までの学力はもちろんのこと、学習スキルもおぼつかないケースも目につく。そのため、何らかの手段で強制的に「書く」活動に参加させ、学習上のさまざまなスキルを身につけさせなければならない。その１つが、本書で中心的に扱ったシートに代表される、成果物をルーブリック評価することであった（第２章）。成績評価という一種の強制力をもって活動させている訳だが、これがフィルターになって学生のさまざまなことが見えてきた（第１章）。学生・生徒の作成したシートをつぶさに観察すると、彼らの基礎学力はもちろ

んのこと、学習活動に取り組む基本姿勢やモチベーションの程度など、大学における学習活動に必須の要素が備わっているかどうかが見えてくる。そして、質問に対する回答内容のデータ化と教学データを組み合わせると、学生のさまざまな行動も観察可能となる。たとえば、ある講義を起点にして、学生の履修行動を追跡することでカリキュラム体系の有効性をチェックすることができた（第3章）。また、シートにおける語彙数は大学における除退行動も早期発見できる指標になり得た（第4章）。

　大学教育を通じて学生に身につけさせるのは何らかの意味でのスキルであり、それは第2章で解説したDPに集約されると考えられる。一般に、大学で身につけるスキル（≒DP）は実社会で生き抜く基礎となりえるだろうが、その内実は実に多岐にわたる。そこで、本章ではいくつかの観点からスキルについて若干の論点整理を行い、スキルを考えるにあたって重要なポイントについて考察してみたい。

雇用環境に影響した経済事象

　次以降においていくつかのデータを観察するが、ここでは予備知識として、データの動きに影響したと思われる日本の経済事象について押さえておこう。

　1979年に第2次オイルショックが起こったが、その影響は第1次オイルショック（1973年）ほど深刻ではなかった。とはいえ、1980年代初頭に世界同時不況が起こるなど、景気を押し

下げる要因はいくつかあった。その中で一番影響の大きかった
のが、1985年9月のプラザ合意とその後に起こった円高不況
（1986年）である。この不況で輸出産業は打撃を受けたが、そ
こからの景気回復は株価や不動産価格の上昇を背景に国内需要
が牽引することになる。これがバブル景気の1つの特徴である。
バブルの象徴である日経平均株価は、1989年12月29日に終値
としては史上最高値の38,915.87円となった。だが、翌1990年
初頭から株価は大幅に下落し、バブルは崩壊した。

　1991年から始まる第1次平成不況では大規模な財政政策が発
動され、1994年から回復の兆しを見せた。だが、1997年4月に
消費税が3%から5%に引き上げられたことを契機に景気後退
局面（第2次平成不況）に入った。そこにアジア通貨危機が重
なり、一部の金融機関や証券会社が倒産・廃業に追い込まれ、
数多くの金融機関が巨額の不良債権に悩まされ始めた。その後、
アメリカの株式市場においてIT関連企業株を中心にITバブル
が発生し、それに牽引されて日本経済も回復した。だが、2000
年10月にITバブルがはじけてから景気後退（第3次平成不
況）が始まった。そして、2001年9月のアメリカ同時多発テロ
や2003年3月から始まるイラク戦争へと続く。

　この時期に雇用環境に大きく影響する法律が改正される。
1996年に**労働者派遣法**が改正され、労働者の派遣を許容する
業種（＝ポジティブリスト）が16から28に拡大された。1999
年の改正ではポジティブリストからネガティブリストへの変更
がなされ、港湾運送・建設・警備・医療・製造を除くすべての

業種で派遣労働が可能になった。これを契機にして非正規雇用が拡大するようになり、2004年の改正ではネガティブリストの中から製造業が削除され、非正規雇用の拡大に拍車がかかることになった[1]。

　第3次平成不況は2002年初頭に底を越え、いざなみ景気が始まる。その当初はサッカーW杯の日韓共同開催、アテネ五輪を背景にデジタル家電ブームが起こった。だが、2007年後半から顕在化したサブプライムローン問題、その後の原油高、2008年9月のリーマン・ショックを契機に発生した世界金融危機が発生し、景気は急速に後退していった。2009年3月に景気の底を越えて回復したが、2011年3月の東日本大震災、2014年4月と2019年10月の消費税増税、2020年初頭からの新型コロナウイルスの世界的感染拡大などを経験して今に至っている。

在籍生の就職意識と企業の採用時重点項目

　こうした流れの中で、学生や企業は採用活動にあたってどのような意識を持っていたのか。ここでは、学生の就職意識と企業の採用活動時に重視した項目について確認しておこう。

　図6−1は、株式会社マイナビが学部3回生および大学院修士課程1回生を対象に毎年実施している『マイナビ大学生就職意

---

[1] ▶ 事実、改正直前の1996年2月に21.5%だった非正規職員・従業員割合は1999年2月に24.9%、2004年の10〜12月平均で31.6%、そして、2018年の7〜9月平均で37.4%（いずれも男女計）と拡大している。ちなみに、新型コロナウイルスの感染拡大の影響で最初の緊急事態が宣言された2020年4〜6月平均では36.5%に低下した。その後省はジリジリ増加してきており、2021年1〜3月平均では36.7%となっている。総務省『労働力調査』（各年版）より。

図6-1 ▶ 在籍生の就職意識

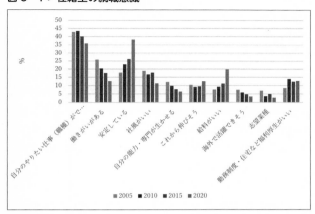

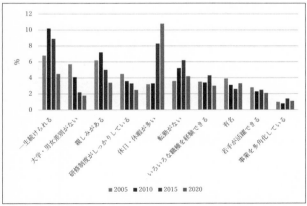

資料：株式会社マイナビ『マイナビ大学生就職意識調査』（各年版）より。

識調査』のうち、「あなたが企業選択をする場合、どのような企業がいいと思いますか？」（2つ選択）という質問に対する2005、2010、2015および2020年の回答を示したものである。

2005年を起点にして、時間の経過とともに回答割合が増加したものは、「安定している」「給料がいい」「勤務制度・住宅など福利厚生がいい」「休日・休暇が多い」などである。学生たちはこの間、雇用環境に関する不安感が解消されたと実感していないようで、少しでも雇用に関わるリスクを回避しようという意識が表れた結果だと思われる。「安定している」「給料がいい」という回答はその典型であり、2020年の回答が急増していることからも理解できよう。「福利厚生がいい」というのは、給料が低いならせめてフリンジベネフィット（給料以外の経済的利益）は充実して欲しいという願いの表れだろう。「一生続けられる」という回答が2005年の6.8％から2010年に10.2％に、「転勤がない」が2005年の3.6％から2010年に5.2％にそれぞれ上昇したのは、2008年末に表面化した派遣切りを目の当たりにした結果であろう。また、「休日・休暇が多い」が2015年の8.3％から2020年には10.8％に上昇したのも、ブラック企業の存在がクローズアップされた反映だと思われる。

いわゆる安定志向とよばれる意識の裏返しで、働く中でチャレンジしてみたいと意識する学生の割合の低下が目立っている。図6−1において2005年から時間の経過とともに回答割合が低下したのは、「自分のやりたい仕事（職種）ができる」「働きがいがある」「自分の能力・専門を生かせる」「海外で活躍できそ

う」「研修制度がしっかりしている」などである。また、「親し
みがある」「社風がいい」「一生続けられる」「転勤がない」と
いった回答が 2020 年に大きく割合を下げているのも注目に値
しよう。

　次に図 6-2 を見てみよう。この図は、経済団体連合会（以
下、経団連と略記）が毎年実施している『新卒採用に関するア
ンケート調査』のうち、「選考にあたって特に重視した点」（5
つ選択）という質問に対する 2004、2009、2014 および 2018 年
の回答を示している。なお、この図ではすべての調査時点で共
通して列挙されていた選択肢 15 項目のみを抽出している。

　2004 年を起点にして時間の経過とともに回答割合が増加し
ているのは、「コミュニケーション能力」「主体性」「誠実性」
である。「協調性」については 2004 年の 41.5％ から 2009 年には
56.1％ にまで上昇するが、その後は 2018 年の 47.0％ にまで低下
するものの、高い回答割合を保っている。この結果は、企業が
学生（＝新卒採用者）とのコミュニケーションを取りにくく
なった、自らの判断で動く学生が減ってきた、他者と協調して
行動できる学生が減ってきた、そして、誠実な態度をとる学生
が減ってきたと判断していることの反映と思われる。

　一方、2004 年を起点にして時間の経過とともに回答割合が
低下したのは、「チャレンジ精神」「責任感」「潜在的可能性
（ポテンシャル）」「創造性」「信頼性」である。とりわけ、「創
造性」は 2004 年の 28.2％ から 2018 年には 11.1％、「潜在的可能
性（ポテンシャル）」は同じ期間に 32.2％ から 13.5％ にそれぞれ

図 6−2 ▶ 企業における新卒採用時の重点項目

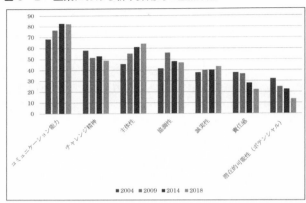

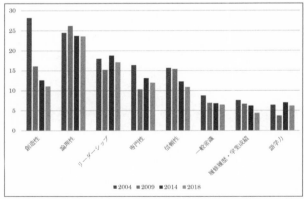

資料：経済団体連合会『新卒採用に関するアンケート調査』（各年版）より。

急減している。ここまでの減少ではないが、「責任感」は同じ期間に 37.8％から 22.1％にまで低下している。無論、企業はこれらを重視して採用活動をしなくなったという訳ではなく、「コミュニケーション能力」に代表される項目をより重視するようになったということである。ただ、「チャレンジ精神」「ポテンシャル」のある学生には「協調性」に乏しいケースも考えられ、企業がこうした学生たちを抱える余裕がなくなったことの表れと捉えることもできるかもしれない。

最終学歴別就職動向

　上で確認できたことは、学生が企業に望むことと企業が学生に望むことの意識に違いが見られることである。ただ、学生への質問内容が組織としての企業の曖昧なイメージに向けられているのに対して、企業へのそれは採用したい学生個人に向けられている。発問段階で明らかにしたいポイントがずれているから、結果がずれて見えるのはある意味当然のことだろう。では、実際の学生・生徒の就職動向はどのように推移していたのか。ここでは学歴別に確認する。

　図 6−3 は 1996〜2019 年までの高卒および大卒の求人倍率の推移を示している。

　まず、高卒の推移から見てみる。1996 年に 1.73 倍だったものが 1998 年にかけて 1.88 倍に緩やかに上昇する。それが 2000 年にかけて 1.30 倍まで急減し、そこから 2004 年にかけて横ばいで推移する。2005 年に 1.43 倍に回復すると、2009 年には 1.81

図6−3 ▶ 最終学歴別求人倍率

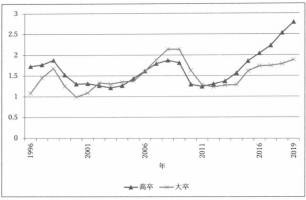

資料：高卒は厚生労働省『高校・中学新卒者のハローワーク求人に係る求人・就職状況』
より。
　　　四大卒はリクルートワークス研究所『大卒求人倍率調査』より。

倍をピークに持続的に上昇する。ここから 2011 年にかけて
1.24 倍にまで急減するが、その後は上昇を続け、2019 年には
2.79 倍になっている[2]。

　次に、大卒の推移を見てみよう。1996 年に 1.08 倍だったも
のが 1998 年の 1.68 倍にまで上昇するが、その後は 2000 年にか
けて 0.99 倍にまで急減する。ここまでは高卒と似た動きである
が、ここからしばらくは高卒と少し異なる動きを見せる。2002

---

[2] ▶ この動きを見て分かることは、高卒の求人倍率の動きが（上で確認した）日本の
景気動向に遅れて動くということである。ただし、この性質は高卒特有のものでは
なく、さまざまな雇用関連のデータにも観察される。

終 章 >>> 大学で身につけるべきスキルとは何か？

年に 1.33 倍と早くも回復するが、そこから 2005 年までは横ば
いになる。それ以降は上昇を続け、2008〜09 年の 2.14 倍に達
する。だが、高卒と同様に 2011 年にかけて 1.28 倍に急減する
が、そこから 2014 年まで 1.3 倍近傍で横ばいになる。近年では
上昇を続け、2019 年には 1.88 倍となっている。ここ数年の動
きだけを見れば、求人動向は高卒よりも悪いと言えるかもしれ
ない。

　今度は図 6‐4 を見てみる。この図は 1979〜2020 年の 3 月時
点で四大、短大、大学院、高校および高等専門学校（以下、高
専と略記）を卒業した者のうち、翌 4 月に就職した者の割合
（以下、就職率と表記）を示している。

　まず、四大の推移を確認する。1979 年に 73.5% だった就職率
は 1991 年の 81.3% にまで緩やかに上昇する。その後、若干の
変動はありつつ 2003 年の 55.0% と 26.3 ポイント低下する。こ
の年を底にして 2008 年の 69.9% にまで持ち直す。その後は
2010 年にかけて 60.8% と 9.1 ポイント低下するが、そこからは
緩やかな回復傾向が続いている。2018 年には 79.2%、1989 年
とほぼ同水準である。

　四大と似た動きをたどるのが短大である。1979 年に 72.1%
だった就職率は 1991 年の 86.9% まで緩やかに上昇する。そこ
から若干の変動はありつつも、2000 年の 56.0% と 30.9 ポイント
低下する。この年を底に上昇に転じ、2008 年には 72.0% に達す
る。これ以降は四大と同様に 2010 年にかけて 65.4% と 6.6 ポイ
ント低下するが、そこからは上昇傾向が持続している。2020

図6-4 ▶ 最終学歴別就職率

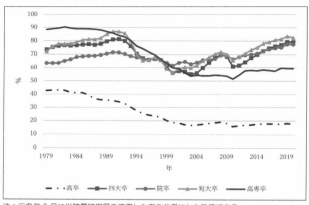

注：①各年3月に当該最終学歴を卒業した者を分母にした数値である。
　　②大学院は修士課程、博士課程、専門職教育課程（2006年以降）の合計である。
　　③2016年以降、従業員の正規／非正規の区分がなされ、ここでは両者の合計として
　　　計算している。
資料：文部科学省『学校基本調査』（各年版）より。

年は四大を上回る82.5％、1988年とほぼ同水準となっている。

　一方、景気変動の影響を受けつつも、四大や短大ほど大きく
変動しなかったのが大学院である。1979年に63.4％だった就職
率は1990年の71.5％まで緩やかに上昇する。四大や短大と同
様にそこから低下に転じるが、その底は2000年の61.4％（10.1
ポイント減）である。そこから2008年の69.2％をピークに上昇
を続ける。その後、2010年にかけて66.3％（2.9ポイント減）
にまで低下するが、それ以降は上昇を続ける。2020年の77.6％
は2019年（77.7％）に次ぐ高水準である。

　四大、短大および大学院とまったく違う動きを示したのが高専と高校である。まず、高専から確認する。1979 年に 88.4%だった就職率は 1988 年（88.1%）までほぼこの水準が維持される。それが 1989 年以降に景気変動に関係なく下落を続け、2003 年の 53.6%まで低下する。そこからは横ばいで推移し、2010 年に 51.5%に一旦下落しつつも、それ以降は 60%弱の水準で安定的に推移している。一方、高校は 1979 年に 42.7%だった就職率は 1985 年（41.1%）までほぼ維持される。それ以降は低下に歯止めがかからず、2003 年に 16.6%まで低下して以降は横ばいで推移する。四大・短大への進学率の推移を示した図 0−1 と照合すると、高校や高専でこのような動きとなった最大の要因は、卒業した彼らが四大や短大などへの進学を選択したからだと考えられる。

最終学歴別3年離職率

　せっかく就職活動に苦労して内定先企業を決めても、早い段階で退職してしまう学生が目立つ。2000 年代に入ってから、学生の早期退職傾向を問題視する声が聞かれるようになった[3]。その 1 つの証拠が新卒者の **3 年離職率**である。そこで、図 6−5 の 3 つのグラフから、1996〜2017 年までの高校、短大および四大における 3 年離職率の推移を確認しよう。

　まず、図 6−5（a）の高校から見てみよう。1996 年に 48.1%

---

3 ▶ たとえば、城繁幸『若者はなぜ 3 年で辞めるのか？　年功序列が奪う日本の未来』光文社新書、2006 年。

図6−5（a）▶ 高卒における3年離職率

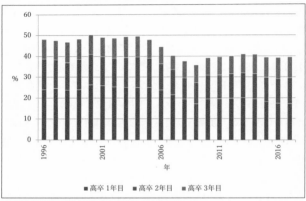

資料：厚生労働省『新規学卒3年離職状況』（各年版）より。

だったものが1998年にかけて46.7％にまで微減する。そこから2000年にかけて50.1％にまで上昇し、2004年までは横ばいで推移する。それが2005〜09年にかけて35.7％にまで低下する。それ以降は再び上昇し、2011年以降は40％近傍で推移している。

　次に、図6−5（b）から短大を確認する。これを見ると、1996年に41.2％だったものが、1998年にかけて39.0％に微減してから2000年にかけて42.9％にまで上昇する。一旦横ばいになるものの、2004年にかけて44.8％にまで再び上昇する。2005年以降は高校と同様に減少し続け、2009年には39.3％になる。それ以降はジリジリ増加し、2017年は43.0％に達している。

図 6-5（b）▶ 短大卒における 3 年離職率

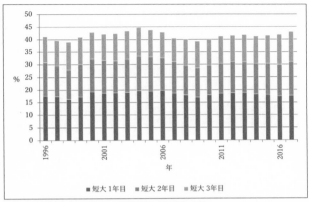

資料：厚生労働省『新規学卒 3 年離職状況』（各年版）より。

　最後に、図 6-5（c）から四大を確認する。これを見ると、1996 年に 33.6％だったものが、1998 年にかけて 32.0％に微減するものの 2000 年にかけて 36.5％にまで上昇する。一時期低下するものの 2004 年にかけて 36.6％にまで再上昇する。それ以降は他の最終学歴と似た動きを示す。すなわち、2005～09 年にかけて 28.8％にまで持続的に低下する。それ以降は増加に転じ、2011 年以降は 32％近傍で推移している。

　新卒者の 3 年離職率を長期間観察すると、（図には示さなかったが）中卒 7 割、高卒 5 割、四大卒 3 割という**七五三構造**を持つと言われている。それを念頭におくと、高卒は 2011 年以降において傾向に比べて 10 ポイントほど低い水準で推移し

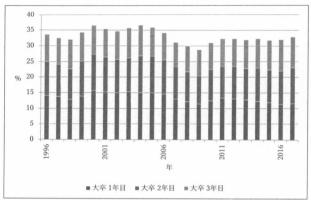

図6−5 (c) ▶ 四大卒における3年離職率

資料：厚生労働省『新規学卒3年離職状況』（各年版）より。

ている。つまり、近年の高卒採用者は昔に比べて最初の職場で
働き続けようとする傾向にあり、それを反映して彼らに対する
求人倍率の高さ（図6−3参照）につながったのかもしれない。
一方、四大卒は変動を伴いつつも傾向通りだと判断できよう。
つまり、高等教育がユニバーサル段階になったとはいえ、学生
の離職行動の早さを深刻に捉えるのは、大学関係者が過剰反応
しているに過ぎないと言えるかもしれない。

教育目標と社会人としてのスキルの連続性

　しかし、高等教育関係者が学生の就職活動や離職行動に神経
をとがらせるのには理由がある。その1つが、若者における非

正規雇用の高まりである。2005 年において男女 20〜24 歳の非正規雇用の割合は 42.2％であったが、2015 年は 41.9％（在学中を除けば 28.9％）、そして 2019 年には 42.4％（同 24.8％）に達している[4]。近年低下傾向になっているとはいえ、就職先を決めた卒業生のうち無視できない割合が非正規雇用だという実態は、大学のブランド力およびそれを通じた経営の観点から望ましい状況ではない。そのため、各大学では 2000 年代以降キャリア教育に注力するようになっている。このとき、キャリア教育と既存のカリキュラム体系、ひいては教育機関の教育目標との整合性が重要な課題となる。そこで、ここでは両者の関連性について検討する。

　どの段階であっても、教育機関の最終目的は学生・生徒・児童たちの学力を涵養することである。これをどういう方法で実践するかはさまざまなアプローチを考えることができるが、旧文部省がそれまでの生徒・児童における学力観の転換を図ったのが 1989 年の『要領』改訂からである。ただ、この時点では、学力の評価方式を従来の試験の成績のみではなく、各教科への関心・意欲・態度といった面も加味すべきとの方向性が示されるに止まっていた。それが数次の『要領』改訂、PISA ショック、学校教育法の改正などを経て脱ゆとり路線が指向され、最新の『要領』では生徒・児童の学力を次の 3 要素として定義し

---

[4] ▶ ちなみに、男女 15〜19 歳における非正規雇用の割合は、2005 年 72.0％、2015 年 73.2％（在学中を除けば 35.9％）、2019 年 77.8％（同 34.1％）となっている。一方、男女 25〜29 歳における割合は、2005 年 26.0％、2015 年 27.1％、2019 年 24.3％である。いずれの数値も総務省『労働力調査』（各年版）による。

ている。これは第2章でも述べているが、改めて示しておく。

　①生きて働く知識・技能

　②未知の状況にも対応できる思考力・判断力・表現力等

　③学びを人生に生かそうとする学びに向かう力・人間性

　そして、この学力の3要素をどのように育てるのか？ 文科省は「主体的・対話的で深い学び」（ALとほぼ同義）が主軸になるとしているのも、既に述べた通りである[5]。

　生徒・児童の学力をどう定義するのか、これは日本特有の課題ではない。PISA調査を実施しているOECDは、1997年にコンピテンシー[6]の定義に関わるプロジェクト（Definition & Selection of Competencies：デセコ）を立ち上げた。その結果が2003年に**キー・コンピテンシー**としてまとめられ、これは3つの能力に大別される[7]。

　①社会・文化的、技術的ツールを相互作用的に活用できる能力

　②多様な集団における人間関係形成能力

　③自立的に行動する能力

　ところで、大学における学力とは何か？ 専門とする学問領域で相違点はあるだろうが、中教審は2008年の答申[8]において、参考指針として**学士力**というものを定義している。これは4つ

---

5 ▶ 中央教育審議会教育課程部会「次期学習指導要領等に関するこれまでの審議のまとめ 補足資料」2016年。

6 ▶ これは能力とほぼ同義と捉えられているが、「特定の成果を生み出す行動特性」という、企業における人事評価上の基準というニュアンスも含むことに注意されたい。

7 ▶ 文科省ホームページに詳細が掲載されている。
http://mext.go.jp/b_menu/shingi/chukyo/chukyo3/004/siryo/attach/1395298.htm

8 ▶ 中央教育審議会「学士課程教育の構築に向けて（答申）」、文部科学省、2008年。

の能力に大別される。

①知識・理解

②汎用的技能

③態度・志向性

④統合的な学習経験と創造的思考力

一方、実社会で働く際に必要となるであろう諸能力について
も定義づけが進められている。たとえば、文科省は 2006 年の
「小学校・中学校・高等学校　キャリア教育推進の手引―児童
生徒一人一人の勤労観、職業観を育てるために―」（以下、
キャリア教育推進手引と略記）において、キャリアの向上に関
わる諸能力を次のように例示している。

①人間関係形成能力

②情報活用能力

③将来設計能力

④意思決定能力

そして、経済産業省は有識者会議を経て、2006 年に**社会人基
礎力**として以下の３つを定義している[9]。

①前に踏み出す力

②考え抜く力

③チームで働く力

以上、ここまでの話を具体的な諸能力とともに表 6－1 にま
とめておいた。これを見ると、相互に奇妙な連続性があること

---

9 ▶ 経済産業省「人生 100 年時代の社会人基礎力」説明資料。
http://meti.go.jp/policy/kisoryoku/

表6−1 ▶ 学生・生徒および社会人が持つべき諸能力

学習指導要領		学士力		キャリア教育
学力の3要素	○知識・技能	知識・理解	○多文化・異文化に関する知識の理解 ○人類の文化、社会と自然に関する知識の理解	人間関係形成能力
	○思考力・判断力・表現力等	汎用的技能	○コミュニケーション・スキル ○数量的スキル ○情報リテラシー ○論理的思考力 ○問題解決力	情報活用能力
	○学びに向かう力・人間性	態度・志向性	○自己管理力 ○チームワーク、リーダーシップ ○倫理観 ○市民としての社会的責任 ○生涯学習力	将来設計能力
学びのアプローチ	○主体的・対話的で深い学び	統合的な学習経験と創造的思考力		意思決定能力

注：中央教育審議会教育課程部会資料、経済産業省説明資料および文部科学省ホームページより

推進手引	社会人基礎力		キー・コンピテンシー	
○自他の理解能力 ○コミュニケーション 　能力	前に踏み出す力	○主体性 ○働きかけ力 ○実行力	社会・文化的、 技術的ツールを 相互作用的に 活用できる能力	○言語、シンボル、テク 　ストを活用する能力 ○知識や情報を活用する 　能力 ○テクノロジーを活用す 　る能力
○情報収集・ 　探索能力 ○職業理解能力	考え抜く力	○課題発見力 ○計画力 ○創造力	多様な集団に おける人間関係 形成能力	○他人と円滑に人間関係 　を構築する能力 ○協調する能力 ○利害の対立を御し、解 　決する能力
○役割把握・ 　認識能力 ○計画実行能力	チームで働く力	○発信力 ○傾聴力 ○柔軟性 ○情況把握力 ○規律性 ○ストレス 　コントロール力	自立的に行動 する能力	○大局的に行動する能力 ○人生設計や個人の計画 　を作り実行する能力 ○権利、利害、責任、限 　界、ニーズを表明する 　能力
○選択能力 ○課題解決能力				

が分かる。

　たとえば、キー・コンピテンシーの１つである「多様な集団における人間関係形成能力」は、社会人基礎力の「チームで働く力」や、キャリア教育推進手引の「人間関係形成能力」に置き換えられることは容易に想像がつく。そして、人間関係の形成は広く学校現場でその基礎が構築されるはずで、授業実践の文脈で言えば『要領』上の学力の３要素の育成や、学士力の「チームワーク、リーダーシップ」によってもたらされると考えることが可能である。また、キー・コンピテンシーの１つである「自立的に行動する能力」は、社会人基礎力の「前に踏み出す力」や、キャリア教育推進手引の「将来設計能力」「意思決定能力」に置き換えてもいいだろう。そして、これらはいずれも大学を含めた学校教育によって基礎が構築されるはずである。

　上の解釈はあくまで１つの可能性であって、まったく別の結びつきを考えることも可能である。しかし、こうした解釈を考えるとき、大学教育に限らず教育現場全体における今の潮流は極めて厳しい現実を突きつける。初等教育から高等教育まで一貫した実践が強調される AL は、その認知プロセスの外化が究極的に社会人としての諸能力の育成に資するものでなければならないということである。

諸能力の計測可能性と教育の能力峻別機能

　つまり、AL は教科内容の習得はもちろんのこと、社会人と

して過ごすための基礎力を鍛える手法だと期待されているということである[10]。とはいえ、ALはそこまでの万能薬でないことをこれまで指摘したが、表6−1から、より基本的な問題が浮かび上がってくる。

それは、この表に示された諸能力をどのように測定するかである[11, 12]。たとえば、『要領』にある学力の3要素のうち、「知識・技能」はこれまでの試験などで計測可能である。キー・コンピテンシーのうち、「言語、シンボル、テクストを活用する能力」「知識や情報を活用する能力」「大局的に行動する能力」の3つは、PISA調査を通じて計測される。一方、他の諸能力はどのように計測され、その「あり」「なし」の境界線をどこ

---

10 ▶ 事実、経団連が2018年末にまとめた提言「今後の採用と大学教育に関する提案」において、AL（ディスカッションやPBL）にもとづいた授業運営を強化すべきだと求めている。それと同時に、文理融合の基礎的リテラシー教育を促進し、そのためのカリキュラムの抜本的見直しを求めている。

11 ▶ 北島洋子たちは、看護系学部・学科在籍の学生650名を対象にした質問紙調査により、社会人基礎力の3領域を得点化できる質問項目36個を抽出し、これを社会人基礎力尺度とした。北島洋子・細田泰子・星和美「看護系大学生の社会人基礎力の構成要素と属性による相違の検討」『大阪府立大学看護学部紀要』第17巻第1号、2011年、pp.13-23。また、西道実は、南大阪地域大学コンソーシアムに加盟する3つの大学362名の学生を対象にした独自調査を通じて、社会人基礎力測定尺度を作り出した。西道実「社会人基礎力の測定に関する尺度構成の試み」『プール学院大学研究紀要』第51号、2011年、pp.217-228。

12 ▶ ただし、これらの尺度は社会人基礎力に関連する質問項目に対する被験者たる学生の自己評価にもとづいているから、この得点をもって社会人基礎力の多寡を語るのは難しいだろう。むしろ、他の尺度と組み合わせることで、学生の職業意識における諸相をつかむ方がより深い知見は得られると思われる。たとえば、奥田雄一郎は、関東近郊4大学の学生357名を対象とした調査を通じて以下のことを明らかにした。時間的展望体験尺度（白井利明「時間的展望体験尺度の作成に関する研究」『心理学研究』第65号、1994年、pp.54-60）の下位尺度のうち、「目標指向性」と「過去受容」の得点の高い学生（彼は「現状不満足群」と名づけている）は、社会人基礎力尺度の下位尺度である「アクション」（＝前に踏み出す力）と「シンキング」（＝考え抜く力）の得点が（他の群と比べて）有意に高いことを示した。奥田雄一郎「大学生の時間的展望と社会人基礎力─時間的展望のタイプによる検討─」『共愛学園前橋国際大学論集』第14号、2014年、pp.33-46。

で引くのか？　その方法や基準については一切明示されていない。たとえば、経団連実施のアンケート調査において長年回答割合１位であり、キャリア教育推進手引にもある「コミュニケーション能力」は、どのように計測されるのか？　これと、社会人基礎力にある「働きかけ力」「発信力」「傾聴力」はどういう基準からみて異なる能力と言えるのか？　そもそも、コミュニケーションは能力なのか？　こう考えるとき、表６−１に示された諸能力の大半が、具体的中身や客観的基準を欠いた抽象的能力で占められているということである。

　2000年代に入った辺りからか、さまざまな事象に「力」「能力」という言葉がつくようになった。これを教育業界の文脈で言えば、岡部恒治・戸瀬信之・西村和雄が『分数ができない大学生』（東洋経済新報社、1999年）で明らかにしたことを１つの契機にして、「学歴＝その人のスキル」という図式に疑問が挟まれるようになったと思われる。中村高康は、学歴に対する信頼性の揺らぎがさまざまな能力の提示につながり、それが抽象的であるほど、時代の中で常に反省・批判される属性をもつことを指摘している[13]。また、本田由紀は、抽象的能力の氾濫が却って学生たちの進むべき道を見失わせていることを指摘している[14]。もし、彼らの指摘が今の若者の就職意識の深い部分をうまく代弁しているのであれば、学生・生徒を受け入れる教

---

13 ▶ 中村高康『暴走する能力主義―教育と現代社会の病理』ちくま新書、2018年。
14 ▶ 本田由紀『教育の職業的意義―若者、学校、社会をつなぐ』ちくま新書、2009年。

育関係者および企業は漫然と捉えている能力を根本的に見直し、それを育成する手段を早急に提供する必要があろう。

ところで、教育やスキルを扱う経済理論の1つに**シグナリング理論**がある。この理論の重要な前提が**非対称情報**で、ある事象に関する情報量が偏在する状況を表す。今の文脈で言えば、学生の行動パターンや癖を彼ら自身は知っていても教員には分からない状況である。このとき、教員はどうすれば彼らのスキルなどを把握できるのか？　その解答は、教員が講義などにおいて単位認定基準というハードルを学生に提示することである。これを見た彼らは、ハードルを超えるために必要な労力・スキルとその成果（≒単位取得）を比較衡量して、自らの行動を決めるはずである。そして、教員がうまくハードルを設定できれば、学生の全体のうちこれを越えた者と越えられなかった者とに峻別できる。これを観察することで、教員は彼らのスキルなどを正確に把握できるようになる。

つまり、表6-1で示される諸能力の基礎を授業実践の中で育成するのであれば、「できる」「できない」の基準を明確にする必要がある。無論、その基準は客観性を保持することが望まれるが、より重要なことは、その運用を通じて学生の能力・適性等を峻別せざるを得ないということである。基準が高過ぎればすべての学生・生徒がクリアできる訳がなく、その結果をもって「能力がない」と判断するのは言語道断である。逆に、基準が低過ぎれば彼らすべてがクリアしてしまい、誰もがクリアするものを能力と呼称することはできない。その意味で、さ

まざまな能力を涵養する教育活動のすべては、能力を基準にして学生の差別化をはかる行為であるという宿命を帯びるのである。第2章の中心的テーマであったルーブリックは、シート作成者たる学生・生徒のトータルな学習能力を峻別する基準にもとづいており、それを通じて彼らの学力や学びの意欲なども類推できた（第1章）。しかも、シートの語彙数から除退の可能性のある学生を見極めることも可能だった（第4章）。第3章の追跡調査を踏まえてさらに言えば、いくら学生の能力を峻別する客観的な指標を定めたとしても、それをクリアする学生は早晩2割程度に落ち着いてしまう。こういう視点を無視して、学校で学ぶすべての者の能力を涵養すると頑張れば頑張るほど、その努力のほとんどが徒労に終わってしまう。これは言い過ぎだろうか？

まとめ
〜学習経験から実社会に転用できるスキルとは何か？〜

　私自身は、講義・演習で語られる内容自体に能力を表す要素はほとんどないと思っている。むしろ、学生にとって未知の領域をいかに自分のものにするか、そこにおける悪戦苦闘の中にこそ能力を涵養する要素があると思っている。一方で、学生たちは1つのことを教えられると、「この知識が実社会のどこで役に立つんですか？」という質問を投げかける。教員は与えた知識がどこで役に立つのかを必死で答えるだろうが、学生たちはその答えに何ら期待をしていない。むしろ、返答に窮する教

員の姿を通じて勉強しない正当性を探しているに違いない。こうした学びから逃げようとする姿勢は別の状況でも見受けられる。たとえば、経済学の一端を理解するには折に触れて数学や歴史の知識が必要になる。だが、ボリュームゾーンの学生の一部は、「高校時代に数学や歴史を習っていない」ことを理由に大学の学びから逃避しようとする。ならばと、教員は折に触れて「今やらないと就活に響くぞ！」という常套句を使う。だが、この台詞は抽象的能力の獲得を半ば強制される学生たちに響くことはほぼないだろう。

　かつて、大学は「批判的精神」にもとづきながら「真理を追求する」場所だと言われてきた。それがいつしか「レジャーランド」と言われ、今では「ビジネス・マナーやビジネス・スキルを学ぶ場所」に変貌しようとしている。だが、大学という場所が顧客層からどのように評価されようが、本質的に責任の問われない環境から世の中を眺める、すなわち「ものの見方」を学べるのは大学という場所しかない。その場と機会を提供するという大学の使命は昔も今も変わらない。「スキル＝知識」と認識しがちな学生たちに、いかに「そうではない所」にスキルの本質があり、いかにそれを身につけさせるか。ここが大学教育改革で真に問われる視点ではないかと思っている。前置きが長くなったが、最後に、大学での学習経験のどういう点が社会人になってからのスキルとして結実するのか。この点について触れておこう。

　矢野眞和は、同窓会名簿をもとに卒業直後世代から60歳ま

での約900名に郵送法によるアンケート調査を行った[15]。質問項目は、①大学時代の教育に対する「意欲」「関心」「卒業時における知識能力の獲得」に関する自己評価、②仕事に対する「意欲」「関心」「現在の知識獲得状況」に関する自己評価、③現在の仕事のアウトプットとしての「所得」「職位」「仕事満足度」「業績」などの現状と自己評価、に大別される。集められたアンケートの回答から、彼は「学生時代の経験が今の仕事の成果にどれだけの影響があるか？」「現在の仕事ぶりがその成果にどれだけの影響があるのか？」という2つの仮説を検証した。その結果、大学時代の経験が今の仕事の成果（ここでは所得）に直接影響しないが、仕事への意欲やそれに関連する知識獲得に強く影響することを示した。この結果は、学生時代に勉強に意欲的に取り組んで社会人になってもそれを継続すれば、現在のアウトプットが向上することを示している。この因果関係を矢野は**学び習慣仮説**とよんだ[16]。

　学ぶ姿勢を社会人になっても継続すること、これは極めて重要なスキルである。他方、学校で学んだことを学外活動や他の学問領域に活かす、こうした知識の転用も重要なスキルである。

15 ▶ 矢野眞和「教育と労働と社会―教育効果の視点から」『日本労働研究雑誌』第588号、2009年、pp.5-15。この概要は、矢野眞和『大学の条件　大衆化と市場化の経済分析』東京大学出版会、2015年、にも所収されている。

16 ▶ 矢野自身も指摘するように、この結果は工学系学部を卒業した社会人対象の調査から明らかになったものである。一方、濱中淳子は経済学部を卒業した社会人についても同様の傾向があることを明らかにした。ただし、工学系学部卒業者と異なり、経済学部卒業の社会人には、(1) 大学時代の経験が今の所得にマイナス有意（$p<.01$）である、(2) その効果は45歳以上になるとなくなる、傾向にあることも明らかにしている。濱中淳子「出世する大卒・しない大卒『学習経験』が学歴内の多様性をもたらす」『検証・学歴の効用』勁草書房、2013年、pp.58-83。

　河合亨は、ある学習成果をさまざまな局面や別の学習成果との間に橋を架けるかのごとく接続させることを**ラーニング・ブリッジング**とよんだ[17]。これを踏まえて、小山治は25〜34歳の人文・社会科学系10学部出身の社会人を対象にしたインターネット調査を行った[18]。その中で、大学時代の学習態度に関する自己評価からラーニング・ブリッジング態度、まじめ態度、不適応態度という3つの因子を抽出し、これらと仕事における大学教育経験の活用度との関連を調べた。その結果、一部の学部を除いて、学生時代の経験を仕事に活かしている程度は、ラーニング・ブリッジング態度からプラスの影響を受けることを明らかにした。この結果は、大学の学習経験を仕事においても活かすためには、在学中から学習経験をさまざまな局面で実践しようと意識づけすることが重要であることを示している。

　これらの先行研究は、大学での学習経験が経験するだけでなくそれを習慣づけること（学び習慣仮説）や、他の場面で活用しようとする意識を持ち続けること（ラーニング・ブリッジング）が、社会人になってからのパフォーマンスに影響することを示している。学習経験を活かすという観点から、ALはより適切な教育手法になりえると言えよう。だが、試験などで計測される学力とALへの意欲などが相互に関係すること（序章参

---

17 ▶ 河合亨「学生の学習と成長に関する授業外実践コミュニティへの参加とラーニング・ブリッジングの役割」『日本教育工学会論文誌』第35巻第4号、2012年、pp.297-308。
18 ▶ 小山治「誰が大学での学びを仕事で活用しているのか　大学時代のラーニング・ブリッジング態度に着目して」本田由紀（編）、前掲書、pp.43-60。

照）を踏まえると、ボリュームゾーンが集まる中堅私学においていたずらに AL の導入を進めても、彼らの学習意識を劇的に変えるほどの効果はないだろう。何らかの形で学力と学習習慣を並行して身につけさせ、それをさまざまな場面に接続させる。その際の重要な視点の1つが「書く」活動なのである。これに関連して、小山の別の研究を紹介しよう[19]。

　彼は、卒業直前の社会科学系学部4回生21名に対して、レポート作成に関する聞き取り調査を行った。調査に参加した学生たちには、①これまで経験したレポートの作成手順、②レポート課題（就活について）が出された場合の取り組み方、について記入してもらい、その上で面接を行った。記述内容は、グラウンデッド・セオリー・アプローチ（GTA）にもとづいて上位概念と下位概念を抽出した。抽出した概念を得点化して調べたところ、レポート作成の手順については理解しているものの、レポートを書く力の習熟度自体は低いままであることを明らかにした。

　小山自身が述べているように、上記の結果は学生のかなりの層においてレポート作成の習熟度が低いと言っているのではなく、こういう学生層が存在することを明らかにしたという点で重要である。レポート作成には一定の枠組みがある。だが、調査に協力した学生たちは、それを知っていながら活かし切れていないところに問題の所在がありそうだ。とはいえ、レポート

19 ▶ 小山治「学生のレポートを書く力の熟達度―社会科学分野の大学4年生に対する聞き取り調査―」『大学教育実践ジャーナル』第14号、2016年、pp.9-16。

作成のコツをつかむには書き続けるしかない。書き続けること
でコツをつかみ、それを実社会でも続ける。そのことによって
将来展望が開けてくるのである。「書く」という、ある意味あ
たり前のことをあたり前のようにスマートに実践する[20]。これ
こそが今の若者が身につけるべきスキルである。それを学生自
身が実感するのには相当な時間を要するだろうが、粘り強く支
援することが教員の重要な務めの1つだと言える。

---

[20] ▶ ここでいう「あたり前のこと」とは、学士力を構成する汎用的技能（Generic Skills）に接続可能な事項だとも言える。これに関連して、山田剛史と森朋子は、2008年3月に卒業する学生657名を対象にした調査で、汎用的技能獲得に関する尺度を作り出した。これには8つの下位尺度があるが、このうち「母国語運用力」が本書で検討してきた「書く」活動を通じたスキルだと解釈できるだろう。山田剛史・森朋子「学生の視点から捉えた汎用的技能獲得における正課・正課外の役割」『日本教育工学会論文誌』第34巻第1号、2010年、pp.13-21。

あとがき

「いつか原点に戻るよ」

　私が大学教員になった当初、ある同僚の先生から言われたのが上の台詞である。通常、経済学者に限らず研究者は1つ選んだ研究テーマをとことん追究するものである。ただ、当時の私は研究テーマを時々に応じてコロコロ変えていた。コロコロ変えるものだから、当時も今も教え子たちが私がどんな問題意識のもとでどんなテーマで研究しているか、知る由もない。だから、OBとなった彼らに会うたびに「今は何をテーマにしてらっしゃるんですか？」と言われる始末である。そのOBたちは、今でも1つの研究テーマに没頭している。飽き性の私からすれば、1つのテーマを追究できることを羨ましく思うものである。

　同僚から原点回帰という言葉を聞いた当時、私は経済学を本格的に勉強するきっかけになったテーマ（バブルの生成・崩壊と、それが実体経済への波及メカニズムについて）についていずれ研究するのだろう、そう漠然と思っていた。ところが、まさかまったく異なる学問領域に手を出すとは、これを書いている私自身驚きであった。とはいえ、本書は私にとって原点回帰のきっかけになるのかもしれない。

　私は教育学部の出身で、わずかながら教育学のトレーニングを積んできた。しかし、その当時、私は教育学の発想がどうし

ても肌に合わず、経済学に分野を変えて今に至る。経済学と教育学は発想もアプローチも目指すところもまったく違う。とはいえ、両分野をそれなりに学んできた私が、それなりに融合させようと試みた成果がここにある。「二刀流」というには遠く及ばないが、王道とは言えない視点から眺めるスタンスを今後も続けていきたい。私にとって本書はその宣言でもある。

　本書を刊行するにあたり、さまざまな方々に協力を賜った。幻冬舎ルネッサンス新社の山名克弥社長には、企画前の段階で長時間にわたり私の与太話にお付き合いいただいた。今井辰実氏には筆の運びの遅い私を温かい眼差しで励まし続けていただいた。今井氏を引き継いだ近藤碧氏と下平駿也氏には、本書をこのようなきれいな形に仕上げていただいた。いつも私の日常業務をサポートしていただいている青木希代子さんには、本書での分析に用いたテキストデータの作成とともに原稿のチェックをしていただいた。テキストデータの作成を手伝ってくれた桃山学院大学経済学部の本間涼子さんと牧野歩美さん。学生の履修状況などのデータを提供してくれた桃山学院大学教務課の方々。加藤千絵さんに田中春美さん。私の厳しい眼差しにもめげずに講義・演習を受講し続けてくれた学生諸君。そして、ここに書ききれなかったすべての方々の協力がなければ本書がこのような形になることはなかった。最後になるが、ここで改めて感謝する。

2019 年 5 月

中村　勝之

文庫改訂版へのあとがき

「この本の想定読者層はだれ？」

　2019年秋、本書単行本を高橋真義先生（桜美林大学名誉教授。高等教育問題研究会代表）に謹呈した。その後の研究会でお会いした折に先生から発せられた言葉が冒頭の台詞である。いわゆる研究書において、研究テーマや分析ツールは一貫していた方が説得力は増すし、著者の想いは読者に伝わりやすい。今回の文庫改訂版に向けての作業では公開データやテキストデータの更新、新たな分析手法の導入、表現のブラッシュアップなど、大幅に手を加えた。だが、その作業を通じて単行本時の読みにくさが改善されたかと言えば、おそらく「否」と答えざるを得ない。この点については読者にお詫び申し上げるしかない。

　私の20年間にわたる教育実践の主軸にあるのは「書く」活動だった。ここで得たものは私の中で貴重な財産であり、それを何かに活かせないかという考えから本書のまとめ作業の準備が始まった。その途上で「書く」活動がALの重要なツールであるとの理解を得て、「書く」活動にALが本書執筆の主軸に加わった。それが第1〜5章に結実している。これだけでも1つの研究書としてまとめ上げられただろうが、経済学者の血が騒いだのか、大学業界と隣接するが厳密には別世界のことを語ら

ずにはいられなかった。それが序章と終章に反映されている。

　私は、大学業界の現状を語るに最も適切な言葉は「内憂外患」だと思っている。実社会への貢献という大義のもと、大学業界にはますます厳しい視線が注がれている。これを「外患」という語弊のある表現をあえて使うが、「内憂」は高等教育の大衆化などがもたらす大学業界内部の機能不全・勤続疲労を表している。近年、大学業界において頻繁に語られる教学 IR 活動がもし内憂外患の緩和に寄与するのなら、私の想像力を尽くして、どこまで大学業界の将来展望が明るくなるのか、それを見極めたくなった。その意味において、本書はまさに私の・私による・私のための教学 IR 活動を、すなわち「ひとり IR」をやってみたということになろうか。とはいえ、大学業界という共通の土壌から、さまざまな事情や思惑からまったく違う形で芽吹いた内憂と外患。今回の改訂作業に一段落ついた現状であっても、私の中に両者を貫く分析眼が身についたという実感はない。ただ、両者が融合した（離反し尽くした?）先にある何かがまるで見えない教育現場で悪あがきする教職員の姿を、本書を通じて想像していただければ存外の喜びでもある。

　文庫改訂版の刊行にあたっても、さまざまな方からのサポートを受けた。私のゼミ生だった牧野歩美さんには単行本から引き続きテキストデータの作成をしていただいた。私の日常業務をサポートしてくれる青木希代子さんにも引き続きテキストデータの作成とともに、原稿のチェック作業もしていただいた。幻冬舎ルネッサンス新社の立澤亜希子さんと前田莉美さんには、

飽き性という持病を持つ私を的確にコントロールしつつサポートしてくれた。ここに記して感謝したい。

　内容的にも表現的にも不十分な本書が 2019 年秋に刊行できたのは、1 通のメールが繋いだ縁の賜物であった。そこでの縁が巡りめぐって今回の文庫改訂版刊行に繋がった。本書を手に取った読者が新たな縁を紡がんことを願いつつ。

2021 年 6 月

中村　勝之

【著者紹介】

中村勝之（なかむら　かつゆき）

山口県下関市出身。大阪市立大学大学院経済学研究科後期博士課程単位取得退学。桃山学院大学経済学部教授。専門は理論経済学。著書に『大学院へのミクロ経済学講義』（2009年、現代数学社）『〈新装版〉大学院へのマクロ経済学講義』（2021年、現代数学社）『シリーズ「岡山学」13 データで見る岡山』（共著による部分執筆、2016年、吉備人出版）がある。

学生の「やる気」の見分け方
経済学者が教える教育論　文庫改訂版

2021年9月15日　第1刷発行

著　者　　　中村勝之

発行人　　　久保田貴幸

発行元　　　株式会社 幻冬舎メディアコンサルティング
　　　　　　〒151-0051　東京都渋谷区千駄ヶ谷4-9-7
　　　　　　電話　03-5411-6440（編集）

発売元　　　株式会社 幻冬舎
　　　　　　〒151-0051　東京都渋谷区千駄ヶ谷4-9-7
　　　　　　電話　03-5411-6222（営業）

印刷・製本　シナジーコミュニケーションズ株式会社

装　丁　　　江草英貴

検印廃止